掌尚文化

Culture is Future

尚文化·掌天下

How Is Economic Explanation Possible?

A Methodological Critique

经济解释如何可能？
一个方法论批判

李成 著

经济管理出版社
ECONOMY & MANAGEMENT PUBLISHING HOUSE

前　言

方法论研究——一场严肃的"闲聊"

本书将聚焦于抽象的哲学层面的经济学"方法论"（Methodology）。当然，这一用词无论在中文语境下还是在英文语境下，都难免给人一种错觉，即此类文献的主题就是要讨论从事经济研究应遵循的"方法"（Method）与"指南"，或者说要教授人们怎样从事经济学家这一职业工作，包括如何选择模型、设定参数、收集数据、设计问卷，乃至如何撰写专业论文、期刊投稿等。后者在英文中有时又以小写 m 开头的"methodology"表示（汉兹，2009）。其实这种看法如果不是大谬不然，也是十分片面的。哲学层面的"方法论"又称"经济哲学"，其真正主题在于探讨经济学的基本方法特征、逻辑形式、认知范围和理论评价等本质问题，而非处理学科实践层面的、具体的"如何从事研究工作"等问题，因此也可以说是一种关于"一般"的理论、理论的理论！这十分类似于影响深远的亚里士多德关于"物理学之后"（Metaphysics，形而上学）的探求，因而也可说是关于"经济学之后"的反思。由此也须强调，其研究主旨在于探讨各类经济学研究的一般性或者共性，而非个别的经济理论（如内生增长学说）、分析工具（如动态随机一般均衡模型），或者特定的经验现象（如商业周期）。不得不承认，这一具有统摄性的对象可能对大多数经济学家在其大部分的学术生涯中都极为陌生，它往往只在人们从对具体问题的埋头苦研中暂时抽身后才得以隐约呈现，但又常陷入“恍兮惚兮”的境地！

本书对一般性的哲学探究也可稍作聚焦：此处笔者重在探讨经济学家的“所为”与“能为”，即“正在做什么”和“能够做什么”的问题。即使涉及“应为”，即“应当做什么”的问题，也是从对“所为”与“能为”的认识引申、推导而来。可能对许多人而言，这一主题看似无关紧要：无论哪个学科的研究者，难道不是一群知识渊博、智力超群的专业人士？怎能不了解自己的所作所为和力之所及呢？然而不幸的是，自知往往最难，而且对于那些自视甚高的“认知者”，即经济学家，他们经常意识不到自知的重要，竟至“聪明反被聪明误”！对此，尼采（2017）可谓一语中的：“我们并不认识自己，我们这些认知者，不认识我们自己，是有原因的：我们从来就没有试图寻找过我们自己，怎么可能突然有一天找到我们自己呢？”

既然对自知兴趣寡然，在一般科学研究中忽视这种哲学层面的方法论实在是一种常态。具体到经济学领域，不难看出相关研究可能也是这一堪称显赫的学科之下最为孤冷的分支。若问个中缘由，除上述的漠视自知的“人之常情”外，还有以下具体因素：首先，是当代学术研究的特点所致。所谓研究者，尤其是在当今学科专业细分的背景下，大抵在于围绕一处具体问题展开，力求发掘其抽象的、可以推而广之的理论价值，进而实现所谓的“以小见大”或者“片面的深刻性”。如本书探求的方法论，往往以经济学的底层逻辑或“源代码”等基础性，同时也颇具隐匿性的问题为对象。对此也许不少学人偶有所感，或发所思，但也常难以系统把握，特别是未能认识到“经济学方法论”如同“国际经济学”“发展经济学”“计量经济学”等本身是一门有其独立对象、方法、文献背景、学科体系的子类。在现实中相关议题也多是观之者众，精之者寡，自然难以红红火火、蔚为大观。当然，如若更深入地剖析，在一定程度上，这也是经济学步入法国学者利奥塔尔（1997）所谓的“后现代状态”的一种表现，即对所谓的“元叙事”（Meta Narrative）至少在其学科层面开始逐渐丧失兴趣，并纷纷转向“细琐叙事”（Little Narrative），甚至力求“以小见小”！因此，作为其最终宿命，关于经济学之“一般”，连同其他类似“物理学之后”的冷僻问题，也不免被抛给了站在角落里的，甚至常常被人奚落的“概论专家”①，即哲学家。

其次，研究经济学方法论必然要深涉这门学科的思想历史，而后者的“孤冷”程度与前者可谓在“伯仲之间”。特别是自 20 世纪 30 年代逻辑实证主义大行其道以来，主流的经济学方法也转向了“现代化”，即以近世物理学为蓝本的某种亦步亦趋的模仿（McCloskey，1998）。除了其积极方面，经济学之为“硬科学”的属性不断凸显，也使这一学科正如其他自然科学一般，开始忽视自身发展的历史。实际上，因为基于一种普遍的假设，后者似乎已经不再重要，即经过时间的梳理与荡涤，凡是错误的或无价值的理论已经被永久淘汰，而正确的或者更有价值的理论则已经全部体现在经济学的最新发展成果之中，可谓已达到“史无遗珍”了！基于这一认识，至少在许多初学者或技术派看来，思想史要么是各类学说的墓志，汇集了著名“死人”的错误或过时观点；要么是轶事的集锦，记述了相关人物、事件的趣闻奇谈。其目的如果不是凸显今人有如何高明、古人又如何愚笨外，就是在枯燥、紧张的数理训练与政策分析之余增添些乐趣罢了。就此，连专研方法论和思想史的著名学者，而对很多经济学家而言或是“非著名”学者马克·布劳格也曾讽刺与自嘲到，不要讲思想的历史，拜托，我们是经济学家！（Blaug，2001）。当然，关于经济思想史如何重要的问题，笔者在此不想过多阐述。然而，不难理解的是，深

① “概论专家”由法国学者巴什拉提出。

研思想史不仅能够避免类如重复发明轮子的无用之功——不过对历史的普遍无知也许正是众多所谓“创新”者所乐见的，甚至成为其“自信心”的重要源泉——更使人们对经济学诸多对象、理论、概念、方法、工具，以及外部影响等给予历史性的把握，从而使方法论研究这一“思想思想”（Think about Thought）的工作被赋予处于“绵延”之中的研究对象，以至“源远”而“流长”。

再次，自19世纪70年代的“边际革命”以来，经济学的实证性、技术性、解析性等倾向日益明显，相应的数学工具也被广泛应用并备受追捧。然而，方法论等带有明显思辨色彩的、主要以思想为对象的研究，一般既罕用模型，又少见数据，故而难逐此流。这导致经济学家（特别是所谓的“主流”学派）对之不严肃对待，或者感到缺乏分析手段，以致“无从下手”。后一点对接受了较为系统的数理方法训练但又缺乏思想史、科学哲学等方面文献积累的青年学者来说，可能感触更为深切。相应地，这种缺少了作为专业语言及工具的数理模型与统计分析的研究，自然也难以被人评价，甚至据此不能判断是否处于当今的经济学“学术共同体”之内。正因如此，学界同仁、期刊编审，乃至更为一般的学术评价系统对之的冷落、误解、排斥实在不令人意外。

最后，作为一门实用科学，经济学的各个分支门派往往最终要落脚于对现实世界的分析、预测、政策评估与建议。在此方面，方法论研究的“劣势”更为明显：它不仅难以直接同实际的，特别是一时一地的经济活动及相应政策议题相联系，而且就其学科特点而言，方法论研究甚至在很大程度上还需要同具体的理论方法和现实应用主动拉开一定的“社交距离”，以此保持某种新鲜的他见与统摄的视角。否则，人们或者迷失在琐碎的细节之中，而不能窥得其结构与全貌，以至于“只见树木不见森林”；或者停留于纷繁的表象之上，无法有意识地、自觉地展开反思以认清相关对象的内在本质与底层逻辑，进而难免“日用而不觉”[①]。由此也可以说，抽象意义上的经济学方法论研究，当然也包括其他学科的哲学反思，往往通过离开现实而关注现实，因而自然表现出或应当表现出某种超越时代、地域的特性。作为此类并非出于傲慢的“高高在上”的代价，其与现实层面的“名”“利”也就相去甚远，故而从之者寡也就不足为奇了[②]！

由于上述种种原因，不少顶尖经济学者对方法论研究也提出了“忠告”。例如，诺贝尔经济学奖得主施蒂格勒曾说，65 岁之前关心方法论是愚蠢的！[③] 与其同辈但可能更为著名的萨缪尔森（Samuelson，1992）则改用英国文豪萧伯纳的名言，戏谑道：“有能力的人做事；没能力的人就闲聊方法论。”[④] 以此来看，方法论研究者，可能也类似于由一个无法入流的导演转行而来的影评人了。

不过上述言论重在调侃，至少不能尽信。实际上，施、萨二翁就曾致力于对经济学方法论的“闲聊”，且成就斐然。由于本书还将对相关研究做进一步的申论，因而在此不再过多展开。这里不妨提及另一位诺贝尔奖得主布坎南在回应施蒂格勒“年限论”时做出的一个妙喻：对方法论的关心，有如查看地图之于驾驶。总不能一味开车，而不知来源，也不知终点吧（Buchanan，1964）！但也不难看出，对类似汽车性能和驾驶技术的探究无疑占据着当今学术舞台的中央，而对方法论的讨论，无论如何“严肃”对待，对多数研究者

① 就这一点而言，方法论研究的对象还类似于戏剧理论大师斯坦尼斯拉夫斯基（2017）所指的日常行为背后的“逻辑”与“顺序”，而表演应当建立在对此自觉理解的基础之上。

② 此外还值得一提的是，本书指向的抽象的、哲学层面的方法论研究还受到所谓方法论多元主义，甚至是方法论“无政府主义”的责难。此类观点同样具有去本质化的后现代主义色彩，这以颇具争议的科学哲学家法伊尔阿本德（2007）为主要代表。后者提出了“反对方法”“怎样都可以”的鲜明主张。但结合其观点和本书对经济解释基本特征的阐述，笔者对于方法论的态度也可以引申为某种“有原则的无政府主义”（Principled Anarchism），与其观点也并不全然相悖，即具体的经济研究方法、理论框架、考察对象等自然应该多元，而且也难以避免地带有历史性和地域性的特点，但终归都是对经济学科的同一本质的不同角度的展开。

③ 此言来自布坎南的转述，见 Buchanan（1964）。

④ 萧伯纳的原句为“有能者为之，无能者教之”（Those who can do；those who can't teach）。

来说仍不过是发生在舞台边缘的，甚至是来自观众席的“闲聊”与噪声！而且，以上比喻似乎也预示着方法论思考不可避免地受人厌烦。毕竟，当一群人认认真真地讨论汽车怎样才能开得最快时，谁乐意听到突然有人高呼：“开错方向啦！”

当然，即使是这种闲聊也并不意味着轻松、肤浅。如果进一步从某种接近终极的视角看，方法论研究者（不仅限于经济学）的苦恼可能更在于哲学本身的“无用感”。实际上，通过分析语言而消解种种形而上学的疑惑，20 世纪语言哲学的奠基人维特根斯坦曾留下这样的名言：“它（哲学）让一切如其所是。”（It leaves everything as it is）（维特根斯坦，2016）尽管此类断言多少包含着这位奥地利天才对传统哲学价值的贬低，但也道出了分析语言、澄清概念的重要性。如果将之借用到本书的主题，其实也颇具启发，即通过剖析经济学解释、分析其对象时所遵循的，但又常被其忽视的“通用语法”，使这门学科在方法层面的基本特征得以呈现，由此也划定了其边界与职责。这种探究，不也正是一个通过消除误解、驱散虚妄、还原本质，使经济学“如其所是”的过程吗？当然，这并非对经济学“所是”的强行“规范”或原路复返，而是认识的深化，甚至可说是一种“知其所以然”之后的“知其然”！轻松地讲，这也契合了近来流行文化中所指的认识的三境界，即从“看山是山、看水是水”到“看山不是山、看水不是水”，直至“看山还是山、看水还是水”，但这最后阶段的“山”“水”已经不是第一阶段的简单重复了。

面对这一曲折艰辛，但却多半是费力不讨好的学术探旅，已过不惑之年的笔者对于上述的施翁之言还是颇以为然的，不过仅是在下述意义上：一旦开始思考方法论，就很难再被其他问题吸引了！也正因其难以形容的魅力，笔者抱持野人献曝之心，甘愿领受这一笔墨之役。对此，想到孔老夫子这位伟大“失败者”的慨叹也会充满力量：“求仁而得仁，又何怨！”的确，如果志在拒绝“平庸”，则结果往往是被平庸所拒绝。但有幸能投入这样的智识挑战并乐享其间，夫复何求呢?

在此，笔者谨向常欣、范德胜、刘磊、汤铎铎、唐寿宁、韦森、谢志刚、杨春学、张平、张琦、张晓晶、Elizabeth Anderson、Lawrence Boland、Avi Cohen、Diane Coyle、Bruno Frey、John Komlos、Ramzi Mabsout、Vitor Neves、Rick Szostak、Josef Taalbi、Denise Young、Yingfeng Xu 等表示衷心感谢。尽管观点难免有所分歧，但与上述同仁或“激烈”或“平和”的交流着实令笔者受益匪浅，特别是更加充分地认识到了视角之丰富、真理之多元！此外，本书的写作还获益于其他多位友人与学生的帮助，这里恕不一一致谢。最后，书中第二章、第五章部分小节，修改、翻译自笔者发表在《哲学经济学期刊》（*Journal of Philosophical Economics*）中的两篇文章（Li，2019，2020）。在此向期刊主编 Valentin Cojanu 教授的授权致谢。

目　录

第一章　绪论："王者"之失

"如果事物的表现形式和事物的本质会直接合二为一，一切科学就都成为多余的了。"（马克思《资本论》）

"我认为，特别是在公认的危机时期，科学家常常转向哲学分析，以作为解开他们领域中的谜的工具。"（库恩《科学革命的结构》）

因其严谨的逻辑体系、精巧的分析工具以及所谓"经世济民"的远志宏愿，经济学常被视作（或者自诩为）社会科学中最具硬度的学问，甚至是唯我独尊的王者（Fourcade et al.，2015；Akerlof，2020）。然而常言道："欲戴王冠，必承其重！"每次遇到现实经济出现波折，经济学也往往为人诟病。如"为什么经济学家很少能预见危机？""为什么经济学家的政策建议常不一致却都标榜为科学？""经济学反映的大部分都是常识吗？如果是，经济学的价值何在？""经济理论能在多大程度上为收入增长与分配等重大现实问题提供解决方案？"等责难与质疑比比皆是，而且既来自经济学的门外汉，也不乏由内部人提出，真可谓"盛名之下，其实难副"！颇有戏剧性的是，在2008年波及全球的金融危机中，一众顶尖经济学家纷纷预测失误，惨遭"打脸"。其中，时任美联储主席、2022 年诺贝尔经济学奖得主之一的本·伯南克（Ben Bernanke）在危机前关于美国经济基本面和住房市场的乐观判断时常被作为嘲弄这一职业的笑柄；而一向对时务慎言的英国女王伊丽莎白二世也曾打破尊口，向享誉世界的伦敦政治经济学院（London School of Economics，LSE）的诸多精英学者问道："为什么没有人提醒（危机将至）？"[①] 完全可以说，这场危机不仅发生在现实经济活动之中，也在很大程度上使经济学，特别是以经济总量为主要关注对象的宏观经济学进入了"至暗时代"（Stiglitz，2010）。

事实上，面对这场自 20 世纪 30 年代大萧条以来最大的金融海啸与经济衰退，若干顶尖学者也从不同视角、不同层次对经济学这一"沉闷科学"（Dismal Science）展开反思与争论。此处仅举几例：在危机之中，以强调自由的"市场之手"和理性选择等为核心主张的新古典经济学派可谓首当其冲，成为众矢之的，谓之名誉扫地也不为过。作为该学术传统的领军人物，抑或另一些人眼中的"罪魁祸首"，卢卡斯（Lucas，2009）为"有效市场假说"等新古典基本信条的合理性、适用性进行了直接的正面辩护。相反，彼时刚刚折桂诺贝尔奖的克鲁格曼（Krugman，2009）则在《纽约时报》专栏中发表了《经济学家怎么错得如此离谱?》一文，对新古典经济学范式，特别是理性人（又称"经济人"）和完美市场假设进行了无情的抨击与嘲讽。对此，卢卡斯的芝加哥大学同侪，在资产定价领域独步学界的约翰·考克伦则针锋相对，抛出题为《克鲁格曼怎么错得如此离谱?》的回应文章，对这位"明星"学者进行了几乎是逐条的驳斥，并进一步阐释了资产价格的高波动与不可测并非构成对"有效市场假说"的否证，且特别强调了行为主义者（如希勒）经常谈及的"非理性"（Irrationality）概念其实非常模糊（Cochrane，2009）。此外，与这种

① https：//mises. org/library/ben-bernanke-was-incredibly-uncannily-wrong；https：//www. telegraph. co. uk/news/uknews/theroyalfamily/3386353/The-Queen-asks-why-no-one-saw-the-credit-crunch-coming. html.

思想碰撞高度相关的是，经济学教学也被2008年国际金融危机深深触动。其中颇值得一提的是，2011年11月，美国哈佛大学数十名学生给著名经济学家曼昆（Mankiw）发出公开信，批评其在该校享誉世界的旗舰课程"经济学10"（Economics 10）中缺乏批判性的多元化视角，并宣布罢课且走上街头声援彼时正值高潮的"占领华尔街"运动。也许更具象征性的是，数十名经济学家还在2017年，也就是宗教改革家马丁·路德将著名的《九十五条论纲》张贴于德国维滕贝格诸圣堂大门的五百周年之际，提出了改革经济学理论与教学的《三十三条论纲》，并将之"钉在"伦敦政治经济学院的门前。其主旨还是再次呼吁多元化的研究视角、跨学科合作，以及强调对非理性行为、非均衡状态等问题的关注。①

然而令人遗憾的是，尽管上述的讨论有时甚至演变为不那么礼貌的激烈争论，许多观点也可谓切中要害，但从总体上看，无论其中各方观点如何相异、视角多么不同，其主要焦点或在于某些理论假设及模型设定的现实性，又在于经济学内部研究方法的多元化以及与其他邻近学科如何相处。此类问题虽很重要，但终究难以给人"耳目一新"之感，除非对此前的相关讨论无知、无睹。如对理性人等核心假设"现实性"的批判与捍卫，几乎从亚当·斯密这位《道德情操论》和《国富论》的作者开始就与经济学须臾不离，只是表述有所变化。对经济学方法多元化及跨学科交流的强调也了无新意，甚至这本身就是多年的学界共识。由于本书对此还有进一步讨论，这里不再赘述，但不妨从近40年来诺贝尔奖引领的风向略窥一斑：早在1978年，横跨认知心理、公共管理、人工智能等诸多门类，并提出"有限理性"（Bounded Rationality）的希尔

① 详见https://www.newweather.org/wp-content/uploads/2017/12/33-Theses-for-an-Economics-Reformation.pdf。此外，对于后危机时代经济学理论、政策和教学的反思，还可参阅Stiglitz（2010）、Blanchard等（2012）、Coyle（2012）、Coleman（2014）、Rodrik（2015）、Romer（2016）、Akerlof（2020）、Bowles和Carlin（2020）、科姆洛什（2022）等。

伯特·西蒙（Herbert Simon）就获得此项殊荣；1988年，曾提出著名的“阿莱悖论”的法国学者莫里斯·阿莱（Maurice Allais）折桂；2002年，几乎作为一个“纯粹”的心理学家的丹尼尔·卡尼曼（Daniel Kahneman）又因其对人类诸多“反常行为”的洞察而获奖。在2008年全球金融危机之后，罗伯特·希勒（Robert Shiller）和理查德·塞勒（Richard Thaler）因在行为金融学、行为经济学等领域的贡献相继在2013年、2017年加入这一荣誉行列。因此，如果说上述反思有何创新，则可能仅是对此前有所忽视之处敲了一下黑板而已，并非写上了新内容。

更应指出的是，相关反思基本停留于浅表，大致相当于杰出的科学哲学家拉卡托斯（2005）所谓的“保护带”（Protective Belt），并且更多的是一种对各种“反常”被动回应甚至主动避让的“纲领退化”（Degenerative Research Program）。对经济学更有新意、更具深度、更加系统的一般性方法论研究或哲学审视严重稀缺，由此也可以说是一种“没有哲学的反思”。① 特别是对于触及“内核”（Hardcore）的经济学的定义、前提、经济学解释的基本特征，以及由此引申出的该学科的边界范围、目的用途等跳脱特定理论、学派的根本问题，“沉闷科学”的当代从业者态度异常冷淡，相关的寥寥讨论也常居于这一学科体系的边缘地带，以致湮没无闻，好似此间的各种问题已经得到了圆满解决或者消解。与此情况形成鲜明对照的是，上述哲学层面的方法论问题，却经常出现在约翰·穆勒、内维尔·凯恩斯、弗兰克·奈特、特伦斯·哈奇森、莱昂内尔·罗宾斯、琼·罗宾逊等大师们的著述之中。

当然，在很大程度上，这种冷淡也绝非自2008年危机开始，而是数十年的大趋势使然。非严格地讲，对于许多人而言，最近一篇讨论方法论的经典论

① 当然，这一情况并不令人意外。因为经济学家与哲学家的沟通困难可谓行之有年了。就此，诺贝尔奖得主詹姆斯·托宾和著名保守主义哲学家诺齐克之间的“交恶”既有趣也颇具启发，详见汉兹（2009）。

文要追溯到弗里德曼（Friedman）在 1953 年发表的《实证经济学方法论》；最近一场重要的方法论论战是后者与萨缪尔森在 20 世纪 60 年代展开的关于"假设—结论"关系的所谓"F-曲解"（F-twist）（Wong，1973）；最近的一部经典专著则可能是马克·布劳格（Blaug）在 1992 年再版的《经济学方法论》。其余当然也有一些重要的研究进展和代表性人物[①]，但其在经济学理论发展、政策制定、经济学教学等方面的影响都较前人相形见绌。这似乎并非由于后来者逊色，而是经济研究在追求其形式上的科学性的过程中，对相关哲学层面的本质问题普遍忽视所致。[②]

这种方法论上的贫困反思至少带来了两种尴尬。一方面，尽管聚焦于原有模型和理论框架的细节改进和拓展，如在商业周期中更加突出金融变量的角色（Cochrane，2017）是经济学科发展的主要途径，然而也在很大程度上为其成长"作茧自缚""画地为牢"。对此，以跨学科研究见长的著名学者富尔卡德（Fourcade et al.，2015）通过统计显示，经济学顶级刊物中极少引用其他学科，如社会学、政治学等领域的成果，而后两者则对经济学文献的引用明显较多。由此可见，今天的经济学家正在以其实际行动反驳了哈耶克所谓的"没有一个仅仅懂得经济学的人能成为伟大的经济学家"（舒尔茨，2020），这当然充满讽刺！他们中的许多人，特别是青年学者，哪怕从数理模型和计量分析中挪用一点点时间来了解其所用概念的内涵及历史，以及研究对象的社会特征、制度环境、历史背景、心理机制等都觉得是一种"浪费"！相应的评价体系，如期刊审稿也往往会证实这确实是一种"浪费"。在很大程度上，这种近乎"自

① 在 Backhouse（2004）、Hausman（2008）和 Mäki 等（2012）等论文集刊中，收录了当代研究经济学方法论的著名学者对若干前沿问题的讨论。

② 对此还可以参考一则定量的观察：以最具影响且号称涵盖经济学全部领域的《美国经济评论》（*American Economic Review*）为例，在 2008—2018 年共刊文 1339 篇（不含年会会议短文）。其中，仅有 3 篇标有对应"经济学方法论"的 JEL 编号（B4），而且逐篇看，均与 2008 年危机以来的经济学方法论反思无直接关系。

恋”抑或“自闭”的举止导致了危机以来重大的经济理论创新，例如20世纪30年代由梅纳德·凯恩斯掀起的范式革命似乎始终难产，甚至也未出现像“二战”后以萨缪尔森为代表的“新古典综合派”那样影响深广的学派。一瞥两位大师的履历，前者具有深厚的哲学和心理学功底，同罗素、G·摩尔、维特根斯坦等一众人杰过从甚密；后者则在其理论建构中不仅综合了各个经济学流派，更对物理学、工程学、生物学、科学哲学等有颇多借鉴，真可谓“综合”之“综合”！如此说来，2008年国际金融危机以来的经济学的反思与所谓“发展”尽管表面颇为热闹，实则异常平静乃至平庸。此处，如果借用当代哲学家斯拉沃热·齐泽克的概念，这种集中于现有理论内部的修补完善（当然也有其价值），属于对学科危机的一种“托勒密化”，而非“哥白尼化”的反应。它通过引入额外的说辞或改变微小前提，而非改变基本框架，使其学科得以继续（齐泽克，2017）。当然，这也是20世纪科学哲学大家托马斯·库恩所谓的与“革命科学”（Revolutionary Science）相对应的“常规科学”（Normal Science）发展的实例。联想到本章开始的引语，深刻哲学反思的缺位也可能是因为对于许多经济学家而言，此轮危机并不严重甚至并未真正出现过，也没有什么与其范式根本不相容的待解“谜题”（Puzzle）（库恩，2012），所以修修补补似乎已经足够了。

另一方面，由于缺乏对自身本质特征和能力范围的批判性思考，主流经济学在对其“自恋情结”的艰难克服中，即勉强地吸纳所谓“异端”方法和借鉴其他学科，也承受着其主体性逐渐丧失的风险。似乎令人更为错愕的是，这种学科主体性的模糊，恰恰最集中地反映在经济学在对相邻学科颇为成功的扩张与侵入之中，即所谓的“经济学帝国主义”（Economic Imperialism 或 Economics Imperialism）。此处的吊诡在于，如果社会学、心理学、生理学或更为宽泛的“行为科学”（Behavioral Science）等能够更好地解释市场参与者的选择与背后的动机，或者能提供更为合理的决策建议，那么经济学的独特角色何在？经济学如何区别于其他学科？为何要改革经济学的课程而不是增加其他学科的学习？是否有必要告诉学生经济学的能力所及止于何处（Bowles and Carlin，2020；科姆洛什，2022）？实际上，如在本书后面将要指出的，由于各学科研究对象的重叠、交叉等原因，仅依靠划定对象实际上难以完成这种主体性的建立。如果不能，经济学作为一门独立学科的"存在理由"又是什么？需不需要变为其他学科（如社会学）的一个分支？或建立一种如奥地利经济学家米塞斯所主张的更具普遍意义的关于人类行动的通用科学，即所谓的"人类行动学"（Praxeology）（Mises，1949，1962）？不难想象，对于漠视其学科的核心本质和研究范围的经济学者来说，此类问题实难回应，甚至根本对此无知无觉。

更令人唏嘘的是，上述的尴尬使经济学丧失了，抑或从未建立起健康的自我意识。这位昔日的、充满自恋的王者既不能批判地认识自身，也不能理解他人对之的批判。这是一种比非经济学家的责难更令人可悲可怜之事。瞧！随着现实困顿的渐行渐远，经济学家的职业内容与日常关照不又一切如旧，故态复萌了吗!？同时，面对"外人"的质疑，这充斥在"占领华尔街"、支持英国"脱欧"，以及反对全球化的"愤怒"人群之中，经济学家似乎也在小心翼翼地将其理论抽象置于现实世界之外，有时甚至仅是将某种饶有趣味的数学游戏，并在其精心营造的"象牙塔"内安享平庸与精致！后者也不再仅是一种陈述，而是一种规范性的指引，即最好如此！当然，这种逃避与自我麻醉主要通过将其自身诸多本质问题束之高阁。这可能也是一个自我意识残缺的人回应外界质疑的惯常方式了。实际上，这同他们曾在20世纪70年代后由"滞胀"导致的学科危机——现在看来似乎是仅值一提的"小波折"中所做的大同小异（McCloskey，1998）。

在上述经济实践与理论双元危机的背景下，笔者不揣冒昧，或许鲁莽但绝非不合时宜地冲入了方法论这一经济研究的边缘地带。特别地，在这场思想跋涉之中，笔者一如哲学家惯常所为，从经济学各种纷繁芜杂的表现形式中，试图抽象出其“至简之道”，也就是普遍的本质。后者不妨先在此概括如下：经济学是一门关于人类理性选择的学科。相应地，“理性化”（Rationalization）即将其研究对象纳入约束条件下最大化框架的过程，构成了经济解释的一般逻辑结构或“通用语法”。

行文至此，也就指向了对本书标题的释义。笔者之所以聚焦于“解释”，是因为尽管学界对这一概念存在诸多争议[①]，但一般而言，解释什么、如何解释能够刻画出一个学科的本质特征。例如，就宽泛的科学或自然科学而言，美国哲学家欧内斯特·内格尔的名著《科学的结构》便围绕“科学解释的逻辑”这一主线展开，并指出正是将知识按照“解释性的原则”（Explanatory Principles）进行组织、分类，构成了科学与常识（Common Sense Knowledge），甚至是被细致整理后的常识的根本差异。在此基础上，内格尔（2015）又进一步区分了演绎性、或然性、功能性或目的性，以及发生性四种类型的解释。英国物理学家戴维·多伊奇在其影响颇大的著作《无穷的开始》中，则将“解释”的地位推至更高，即“解释”的不断延伸构成了改变世界、实现进步的本源（多伊奇，2019）。具体到经济学领域，如本书提及的布劳格在其《经济学方法论》中，开宗明义地提出了“经济学家如何解释?”这一问题并以此贯穿全书。[②] 再如，专研经济哲学的美国学者丹尼尔·豪斯曼也明确指出，“解释”构成了经济学的一项中心任务（Hausman，2001）。著名华人经济学家张五常则直截了当地以《经济解释》为题，并指出“‘经济解释’是说以经济学的角度，用上科学的方法，来解释现象或人的行为”（张五常，2015）。此外，即

---

① 如关于科学解释的性质、解释与描述（Description）的关系等问题尚有很多论争。参阅 Lagueux（2010）、内格尔（2015）。

② 实际上，内格尔、多伊奇、布劳格三人都将“解释”写入其著作的副标题中，可见对之倍加重视。然而令人感到些许意外的是，这一点在多伊奇（2019）的中译本标题中并未得到体现。

使我们接受弗里德曼充满争议的"方法论工具主义"观点（Methodological Instrumentalism）（Friedman，1953），认为经济学的任务主要在于预测未来或过去但未被观察到的现象，理论的优劣也据此评价，那么"解释"作为一种被"反向写出的预测"（Prediction Written Backwards）（Blaug，1992）也是改进通常意义上的"正向"预测的关键。①

至于标题中的另一个关键词，本书展开的"批判"则受到德国古典哲学奠基人康德的批判哲学的直接启发（康德，1960）：所谓"批判"（Critique），并非否定性的"批评"，而是在厘清经济解释的一般逻辑的基础上，澄清经济学在认识论层面的边界以及由此引申出的经济学的职责、任务、用途与发展进路。经过这一本质上属于"划界""定责"的工作，笔者相信对于经济学的批评质疑也罢，辩护捍卫亦好，都将建构在一个更加清晰的概念与逻辑基础上，各方的分歧与共识也能更加清晰地被呈现、理解乃至调和。②

最后还须强调的是，本书的主旨并不限于阐发笔者自己的观点，更是希望借此激发读者的思考与想象，特别是唤起如黑格尔所指的"姗姗来迟的哲学家"。后者常常在现实过后，才开启其抽象的回顾与反思，有如在黄昏才起飞的"密涅瓦的猫头鹰"。由此，此项研究也可被理解为在金融危机、经济萧条等现实动荡之后，经济学通过拙作开始反观自身的迟来一瞥，甚至构成其"自传"的一个章节。当然，这种反思、自观却不一定如黑格尔所言只是时代过后的"对灰色绘成灰色"般的被动记录，不能为未来提供指导和参照。如此一来，尽管很有可能是正确且不乏深刻的，但未免太过悲观与消极（黑格

① 经常被人忽视的是，被称为"预测主义者"的弗里德曼对理论预测力的强调也不是无条件、无限定的，而是关注于对理论所要"解释"的对象的预测。因而也可以说，这位所谓"工具主义"者其实并不排斥解释，对此可以参阅 Hausman（2008）。

② 值得一提的是，法国哲学家福柯对"批判"也有一句广为人知的名言："批判是不被统治到如此程度的艺术。"（福柯，2016）就本书的主旨而言，这也可以被改写为："批判是不被误解到如此程度的艺术！"

尔，1961）。相反，笔者所希冀的方法论反思，即使具有“回顾性”也是面向未来的经济学发展前进之路，从而使这一学科同其所要把握的“生活形态”一样永葆青春。这也正是其“建设性”所在。当然，可能也由于这种“向前看”的姿态，会使这本书与黑格尔的另一断言相反，即遇到尚不成熟的受众。后者并未准备好，甚至拒绝来理解这一探索的内涵及其价值。但无论如何，或许是由于愚笨，笔者还是愿意为此甘愿承担暴露自身无知和被误解的风险，做一块引玉之砖！

第二章　经济学第一原理：凡行为，必理性

“无内容之思维成为空虚，无概念之直观，则成为盲目。”（康德《纯粹理性批判》）

“逻辑之所以是先天的，就在于不可能非逻辑地思考。”（维特根斯坦《逻辑哲学论》）

通过对“理性”及相关概念的剖析，本章旨在论证如下观点，即经济学家将“理性原则”（Rationality Principle）加诸其研究对象，从而为本学科搭建了最为基本的、触及定义层面的分析框架，更为无论何种特定学派和考察领域的经济解释提供了普适的逻辑结构或通用语法。所以从广义理性的意义理解，对于经济学家来讲，“凡行为，必理性”，这可谓经济学的“第一原理”。该原理不仅划定了经济学在研究方法上的范围，也为此后明确其职责、改进其应用提供了根本依据。

第一节　定义“经济学”：对象、方法与否定性探究

同其他学科一样，经济学首先要解释被此学科认定的研究“对象”（Subject Matter）。① 这自然引出两个问题，即解释的对象与解释的方法各是什么？换言之，经济学要“解释什么?”和“如何进行解释?”也正是基于此，关于经济学的定义大致呈现出两类有所区隔但又相互调和的观点，即或以“对象”定义，或以“方法”定义。

第一类观点产生于现代经济学诞生之初。例如，法国启蒙思想家卢梭曾在著名的《百科全书》的“政治经济学”词条中，区分了侧重家庭管理的“个人经济学”和侧重国家治理的“政治经济学”，显然这是一种基于不同对象的考察（卢梭，2018）。其后，萨伊在其名著《政治经济学概论》中则进一步明确，经济学主要研究财富的生产、分配与消费，实际上这也构成了该书的副标题（萨伊，2017）。这一“三分法”影响甚大，后来又被其同时代的来自英国的詹姆斯·穆勒扩展为包括生产、分配、交换与消费的“四分法”（穆勒，2010）。其子约翰·穆勒指出了上述定义的问题，即没有区分“物质规律”和“道德规律”。前者对应于自然科学，后者对应于“道德科学”（近似于今天所称的“社会科学”）。基于这一认识，这位名声远超其父的思想家提出了“政治经济学研究财富生产和分配中的道德或心理规律”的论断（穆勒，2012），并凸显了这一学科对精神现象，而非自然现象的关注。这一看似平常的观点实

① 正如后文将要指出的，从认知方式与认知客体的角度来看，“对象”与“方法”同时产生，甚至是因“方法”而确立的。所以，此处的“对象”一词仅是姑且用之，并不准确。

则意义重大，因为经济学并不研究类似农作物如何通过光合作用和细胞分裂而得以“生产”、每人每日应“分配”多少能量才能维持健康等“道德或心理规律”之外的自然科学问题，尽管后者很难从概念上被排除在上述的“三分法”或“四分法”的框架之外。[①] 其后，受到19世纪70年代开启的“边际革命”的影响，作为新古典经济学派创始人的马歇尔在《经济学原理》一书中，为经济学提供了一个更具一般性但同时更加突出需求之满足的定义，即“一门研究人类一般生活事务（Ordinary Business of Life）的学问；它研究个人和社会活动中与获取和使用物质福利必需品最密切相关的那一部分”（马歇尔，2009）。

第二类观点强调以方法界定经济学，相关文献也较晚出现。一般认为，此类视角约始于莱昂内尔·罗宾斯。这位长期任职于伦敦政治经济学院的泰斗级人物在其《论经济科学的性质和意义》一书中指出，经济学是一门研究如何配置稀缺手段以满足多种目的的学问，同时也相应地提出了作为人类行为诸多方面之一的“经济方面”（Economic Aspect），这一重要概念有别于常见但并不严谨的“经济行为”（Robbins，1935）。[②] 经过学术界漫长的“接纳”过程，罗宾斯的“经济学”业已成为现代经济学说史中影响最广的定义之一，并特别为在约束条件下的最大化这一经济学的核心研究方法奠定了基础（Backhouse and Medema，2009）。又如“经济学帝国主义”的主要开拓者加里·贝克尔在其名著《人类行为的经济分析》中则更加明确地指出，经济学区别于其他社会科学的关键不在于其对象，而在于方法，后者主要建立在效用最大化、市场均衡和稳定偏好三大假设的综合运用之上（贝克尔，1995）。尽管这

① 米塞斯也曾指出，经济学关乎人的选择与行为，而非商品与服务。其中的道理与此相近（Mises，1949）。

② 尽管笔者赞同罗宾斯提出的行为的“经济方面”这一概念，但有时出于约定俗成的考虑，也会姑且使用“经济行为”这一常见提法。在本书的语境下，后者应当被理解为经济学视角之下的行为。后文对此还有进一步论述。

难以称作经济学的完备定义，而且贝克尔的目的也不在于此，但这既简洁又清晰地总结了其研究方法赖以展开的基本假设，也是其“侵入”其他学科领域的制胜法宝。

值得注意的是，上述两类观点也绝非截然互斥。完全可以采用一种调和之法，即经济学是一种以特定方法研究特定对象的学科。经济学或可以被定义为研究资源配置或市场交易中的理性选择的学科。实际上大多数学科可能也是如此调和，甚至必须调和。例如，至少从相应的现代语境看，用巫术的方法解释物质财富的生产不能称之为经济学的解释，正如用其解释、治疗疾病也不能称之为医学。同时，一门学科也不能仅由其方法界定，进而过于泛化。如用约束条件下的最大化视角研究如何选用火箭燃料或者设计电路也难以称之为经济学。需要指出的是，约翰·穆勒在讨论政治经济学的定义时就已经显示出某种调和。这位英国思想家不仅将这一学科的对象限定在财富生产和分配中的道德规律，并指出了后者与自然规律的研究方法不同，而且还强调道：“政治经济学只是关注渴望拥有财富的个人，并且此人能够判断达到该目的各种方法的相对效果。”（穆勒，2012）从这一论断中，已经隐约看到了日后罗宾斯版本的“经济科学”。

进一步地，在近世以来的相关讨论中，调和对象与方法的定义甚至成为了主流，尽管这一特点似乎并不为人注意。例如，萨缪尔森在其风靡全球的教科书中给出了如下定义：“经济学是研究人和社会如何进行选择，来使用可以有其他用途的稀缺的资源以便生产各种商品，并在现在或将来把商品分配给社会的各个成员或集团以供消费之用。”（萨缪尔森、诺德豪斯，1992）此间，萨缪尔森虽然也大致承袭了古典政治经济学所关注的对象（无论是“三分法”还是“四分法”），但同时也深受罗宾斯的影响，明确地引入了“稀缺性”（Scarcity）的概念，进而内嵌了分析方法上的规定性，即因为“稀缺”，所以要在这种约束下实现其功用的最大化，而非发散性的“为所欲为”。类似地，

曼昆在其影响甚众的教科书中也提出“经济学研究社会如何管理其稀缺资源”（Mankiw，2014）。在这一极为简略的表述中（所以严格地说，尚不可称之为定义），对象和方法的叠合也暗含其间。[①] 在此还须一提的是，这种“调和”还出于一种常被忽视的更为本质的原因，即方法与对象在认识论的意义上本就难解难分。特别就经济学而言，正是其基于理性原则的方法，才使其对象得以呈现。援用上例，经济学家研究农业“生产”，通常注重其中的可被货币衡量的投入与产出的关系，而不是农作物生长的生化机制。前者关乎种植者的理性及行为选择，后者则归于自然，不能成为经济学研究的对象，除非可以被视作“理性”使然。这一点还将在后文继续论述。

以上大致勾勒出关于经济学定义的不同观点。然而，由于经济学研究的经验对象“是什么”或者“应是什么”等问题同本书的宏旨并没有直接关联，笔者无意再进一步对之展开详论，自然也相应地避免了对经济学完备定义给出断言。[②] 实际上，这里之所以聚焦于“什么不是经济学”这一否定性问题[③]，意在突出构成经济分析的必要条件而非充分条件，从而也绕开了“经济学如何定义”这一本体论困境。进而言之，此处思路的重点在于，如果分析方法也体现为经济学在定义层面的本质特征，那么经济学家在进行解释、分析其对象时一定遵循了某种一般性的逻辑结构或者通用语法。若不如此，便不可被称为“经济学”。尤其重要的是，正是这种方法特征使一项核心的理论任务——“经济解释”，即从经济学视角或利用经济学思维方式进行的解释——成为可能，并在学科之下的诸多分支流派中保有了共通之处。这构成了本章乃至全书赖以展开的立论基础。

---

① 值得一提的是，与多数人的观点不同，布坎南提出，经济学的主要研究对象不应为配置稀缺资源，而应是处在市场关系中的人类行为。但在这一表述中，布坎南并未明确经济分析在方法上的特征或规定性（Buchanan，1964）。

② 感兴趣的读者可以参阅奥地利学派重要成员柯兹纳（Kirzner，1960）对此更为深入的讨论。

③ 这一问题又由两个子问题构成，即“经济学不研究什么?”与“怎样研究不算是经济学?”

第二节 何谓“理性”

不妨从约翰·穆勒所谓的有别于“自然规律”的“道德规律”继续讨论。从研究方法的角度来看，作为人类行为（在某种程度上也包括动物行为）的规律，其突出特征在于它是在某种理性原则（主要指行为的有目的性）的支配下发生，并以此获得他者的理解。此处，可以参考马克斯·韦伯（2013）关于社会科学研究方法的论述，即不同于对物理世界的外在观察与描述，对人类行为的研究需要“神入”（Einfühlen）其内，也就是用心体会研究对象的处境，并获得某种内在的“理解”（Verstehen）。[①] 而“神入”的关键，即是理解其对象的目的（关乎目标价值）和所受到的制约。进一步地，这种以目的为指引，又受到手段、条件制约的特征也正是米塞斯所指的“人类行动”（Human Action）与自然现象抑或人和动物本能活动（主要指无意识的生理反应）的最根本差异。甚至可以说：无目的，非行动！（Mises，1962）。[②]

经济学作为一门社会科学，当然只能从理性的视角研究其对象，并“神入”其间以获得理解，无论这种对象是物质财富的生产与消费循环、稀缺资源配置，还是布坎南强调的市场组织等。需要澄清的是，作为近代社会以来最耀眼的时代关键词，“理性”这一概念含义颇多、内涵复杂，且充满各种或褒

---

① 需要说明的是，韦伯关于“理解”的思想直接来自于狄尔泰（Dilthey），也与同时期的西美尔（Simmel，又译为“齐美尔”）相近。此外，关于研究者无法“神入”自然现象之内，诺贝尔物理学奖得主理查德·费曼可以提供一个有趣的实例。一次，当被问及两个磁体相互吸引或排斥会是什么“感觉”（Feeling）时，费曼仅是间接作答，并一再要求澄清问题，特别是要提问者指明这种“感觉”所指为何。关于解释物理现象与经济现象的异同，可以参阅 Lagueux（2010）。

② 有趣的是，在日常语言中对此或许有少数“例外”，如 19 世纪出现在巴黎街头的漫无目的的“闲逛者”（Flaneur），但这种“无目的”似乎也仅止于假想。

或贬的解读。[①] 此处仅举两个近例：韦伯在其名著《经济与社会》中区分了“工具理性”（Instrumental Rationality），即大致关乎如何运用手段实现给定目标，和“价值理性”（Value Rationality），即大致关乎目标的设定，并极大地影响了社会科学的研究方法（韦伯，2010）；在韦伯的基础上，当代哲学大师哈贝马斯也创发了“交往理性”（Communicative Rationality），约指在交往中各方共享的、使交往顺利进行的理性，并以此作为其现代性反思的关键线索（哈贝马斯，2004）。[②]

然而从本节的立意，即讨论经济解释的一般特征看，理性的概念以 Robbins（1935）的表述形式最为贴切、简洁，即经济学研究的对象如何运用可能手段达至某种给定目的的理性，也就是“手段—目的理性”（Means-end Rationa-lity）。其中又如上述，“手段”必须是稀缺的，对应于所谓的“经济物品”（Economic Goods），而无限的“免费物品”（Free Goods）则不在经济学的考量之内（Mises，1949）。由此，无论是否明确地使用相关的数学工具抑或是否借助作为最大化目标的“效用”概念，受到这种理性支配的人类行为的“经济方面”则最终可以归结为某种约束条件下的“效用”最大化或最优化问题。这里提及的“效用”实际上仅为论述方便而已。特别地，因为“手段—目的理性”涉及经济解释的底层逻辑，所以这一特征不但普遍蕴含于从古典政治经济学到新古典主义，以及凯恩斯主义等不同学术流派，也深植于微观经济

① 中文所指的“理性”，往往对应于英文“Reason”和“Rationality”两个单词。两者虽然在一定语境下意义相近，但又有不同。非严格地讲，“Reason”指普遍意义上的，带有较强规范性的行事之“理由”；而“Rationality”则指做出合理的、符合逻辑的行动或选择的能力，又常译作“合理性”。在本书及一般的经济学文献中，“理性”或“非理性”（Irrationality）主要取其后一含义。

② 此处专门提及哈贝马斯意在强调：其所指的交往行为同经济学中所指的给定目标，然后谋划手段的工具行为（Instrumental Action）或策略行为（Strategic Action）有本质差异，尤其是交往行为中的目标并不先于手段而独立地给定。而且，经济学中所指的理性行为常常是单就一方的手段—目的考量而言的，如企业追求利润最大化。这也区别于哈贝马斯的交往理性行为，交往理性行为以实现顺利交往为目的，因此不可避免地同时涉及多方，另可参考芬利森（2015）。

学、宏观经济学、行为经济学等不同领域，可谓须臾不离。当然，这并非指作为术语的“理性”（Rationality）在经济学中始终被广泛使用。实际上，正如布劳格所考证的，“理性”一词可能仅是20世纪30年代才出现的“发明”，而此前的学者则借助了“宁多勿少”“最大收益率”等用语表达近似概念（Blaug，1992）。这种术语的姗姗来迟，并不影响经济学作为理性选择学说的不变本质，只不过反映了彼时经济学对自身的认识，如果模仿黑格尔的口吻，即尚处于蒙昧阶段罢了。

需要强调的是，以上对Robbins的理性概念的借用仅是就其形式而言。但在内容上，本书所指的用于支配经济解释的“理性”与其（也包括其他主流观点）有根本差异，即此处的“手段”与“目的”，或者“约束条件”与“最大化目标”都应取其广义用法。因此，经济学也相应成为一种广义的“理性选择学说”（A Theory of Rational Choice），或者说一种关于广义理性人的学说。人们通常所指的经济主体的短视冲动、错误计算、信息缺乏、损己利人等所谓“非理性”因素都是在同某种狭义的理性原则进行对照时方能成立。狭义的理性原则的最常见版本是在资源、技术的约束下，如何最大化自身物质利益（在现代经济生活中通常可以由货币衡量）。[①] 不难看出，从这种广义理性的观点来看，上述的穆勒对政治经济学研究对象所附加的条件，即“此人能够判断达到该目的的各种方法的相对效果”实际上给出了决策能力充分、信息完备等行为假设。因此，在谈到经济学研究方法的基本特征时，实际上并非必要，日后也确实在行为经济学等领域的发展中被不断突破。此外，这里还须提请读者注意的是，其他学科，如社会学、政治学、心理学、生物学等，可能

① 此外，从这一广义理性的层面来看，理性化、约束条件下的最大化和“最优化”（Optimization）并无本质不同。尽管至少自西蒙（1995）提出“有限理性”的概念以来，学界对以上概念的区别和联系多有讨论。但笼统来看，以上论述基本都聚焦于相关用词在概念上的细微差别，而对理解经济学的方法特征与逻辑边界并无多少助益（Mongin，2000）。

也在其解释中遵循广义的理性原则，相比可能程度较浅或非系统性的，所以经济学仅是众多理性选择学说之一（从英语冠词的角度也可理解为“a”而非“the”，Rational Choice Theory）。由此可知，在这一意义上，基于理性原则仅是使经济解释成为可能的必要条件而非充分条件。换言之，单纯借助理性原则，可以从方法上判明什么“不是”经济学，而不能得出什么“是”经济学。也正因为对这种“非充分性”的认识，本书始终避免给经济学做出完备定义，亦即提出成为经济学研究的充分必要条件。此处仅须强调的是，定义较为理想的形式可能在于：限定方法的同时也限定其对象，或者说在限定方法时也就确定了能够被此方法把握的对象（见上节）。当然，这一定义问题不妨留待日后研究。

此外，还应声明的是，经济解释不但依照这一广义化的理性逻辑开启，也在给定的研究主题下，以此暂时地、阶段性地“终结”，就像维特根斯坦（2016）所指出的：“任何解释总有到头的时候。”显然，由此一来也为后续的经济学或非经济学的探求留出空间。这一新的探求将围绕前述研究不再解释，或视为“外生给定”的主题展开。对于理性这种既有始又有终的“界定”功能，后文将展开详细阐述。

第三节　谁之“理性”

从上述视角来看，经济学中的理性行为的发出者和负责人当然是，并且只能是个人。个人而非企业、组织、国家等无论是具体的还是抽象的集体，通过在约束条件下对其目标的追求使理性得以显现。即使经常会讨论所谓的集体选择，如一个组织经由某种程序而做出行为决策，无论是具体的政策措施还是广义的社会制度安排，如果细究其形成，也无非是个体行为相互影响、妥协、冲突，直至最终所呈现出来的结果。集体当然也会通过对个体手段与目的的影响，转而左右其成员的行为。总之，集体选择既来自个体，又归结于个体。对之的解释最终也要还原到个体，即使是集体中的个体的理性考量才算彻底。实际上，这一点仅需直觉便不难明晓：同是个体的理性之人，研究者只能“神入”其他个体（或者如下述的将集体比拟为个体），进而理解其既有目标，又受约束的行为。毕竟，正是这种同构的理性，使人能理解人，也只能从“神入”的层面理解人或拟人之物。由此也可推知，至少从目前的研究现状来看，个体或个体的选择构成了经济解释的不可再分的基本原子单位或者最终对象。①

进而言之，在其方法层面，经济研究实际上也在终极意义上建立在熊彼特提出的“方法论个人主义”（Methodological Individualism）的基础之上。②“方法论个人主义”常与“方法论集体主义”（Methodological Collectivism）相对立。对此，从微观经济学的视角似乎较容易理解，而异议可能主要集中在以各种经济总量为研究对象的“宏观经济学”。实际上，该学科虽然考察个体行为结果的“加总”（Aggregation），但其最终基础也在于个体理性人的偏好、约束与选择。个体或是“同质”的，即具有相同的目标与约束，或是在一定程度上是异质的，具有不同的目标与约束（如设定消费者在收入水平、风险偏好、习惯品位、享乐耐心等方面存在差异），但任何决策最终还是个人所做，而且也必然被手段—目的理性所把握、解释。这一特征并不因加总与否而被抵消或

---

① 值得注意的是，相关研究也并非只能止步于个人。例如，英国著名生物学家、公共知识分子理查德·道金斯曾强调，自然选择发挥作用的层次不在于群体，甚至也不在个体，而在于基因或基因片段（2018）。但这种朝向微观的延伸，也类似于将基因拟人化。正如道金斯以“自私”一词对之加以形容。这与笔者所要阐发的“方法论个人主义”并无矛盾。

② 从思想流变上看，这一概念也受到熊彼特的老师、现代社会科学研究方法的主要奠基者韦伯的直接启发，而其更远的渊源至少可以追溯至霍布斯的个人原子主义和“分解—组合法”（Tesolutive-compositive Method）。现代意义上的方法论集体主义则以另一位社会学泰斗，来自法国的涂尔干为主要代表。当然，对于经济学家而言，对该方法论传统更为熟悉的践行者当属凡勃伦、康芒斯等美国“老制度主义”学者。

改变。值得指出的是，这与约翰·穆勒对社会科学研究中采用所谓“化学方法”的反对也是相通的。穆勒认为，社会状态中的人仍旧是人，其性质并不会因为聚合成社会就不再显现。这一点同氢、氧各自元素的性质在其结合成水后不再显现是截然不同的（Mill，1882）。具体到“政治经济学”而言，穆勒进一步强调了这一学科“不研究经社会状态修正后的整体人性，也不研究社会中人的整体行为”（穆勒，2012）。这里需要强调的是，这并非指社会环境，特别是人与人之间的交往、互动对个人的行为与决策不重要，也非指社会或群体特征就是个人特征的简单叠加。正如哈耶克在其名著《个人主义与经济秩序》中强调的，个人主义并不“以孤立的或自足的个人的存在为先决条件”，而首先是一种“社会理论”和“政治行为规范”（哈耶克，1989）。按照本书关于经济学中的理性的论述，哈耶克所主张的个人主义方法，也可以理解为研究置身于社会活动和交往过程中的个体，即“理性”的所有者。显然，无论我们考虑多么复杂的社会因素与人际互动，个人行为仍旧是研究的逻辑出发点和落脚点。

并不罕见的是，即使研究者宣称以集体（如社群、国家）而非个体作为研究的基本单位，但也无可避免地通过“拟人化”或“人格化”的处理，将相应的集体简化为没有内部差异和利益冲突的理性“有机体”或借助微观层面的“代表性经济能动者”（Representative Economic Agent）等再加以考察。其中的道理已如前文所述，因为“人群”或“社会”终究不会做决策，所以也无法显现理性进而被解释。从这一意义上看，这种表面上着眼于集体的研究在本质上可以归结为一种在宏观世界视角下的抽象简化和方便表述，而其所奉行的理念也无非是一种乔装改扮的、有时甚至骗过了相应研究者的方法论个人主义。需要严肃面对的是，这种处理或误解不是没有后果的。在研究实践中，经济学家经常假定甚至由衷相信一个群体（如国家），会按照使其整体利益最大化的方式行事，从而忽略了其中不同次级群体，乃至个人在其中的利益分配与冲突。特别地，这在近年来关于国际贸易乃至全球化的讨论中尤其常见，但往往与现实严重不符。按照其观点，凭借自身比较优势参与国际分工对“国家”是有利的，所以其反对者皆因不懂其中的经济学机制！对此，本书第四章、第五章等处还有后续论述。但这里要强调的是，此类观点的主要症结在于受到了拟人化国家概念的蒙蔽，脱离了方法论个人主义，进而忽略了一个浅显道理，即任何决策都是具体的个人根据其“私意”做出的，即使有利于“公意”也仅是其“私意”恰好与之相符。这不仅是卢梭经常将国家比喻为由彼此无竞争的公民组成的“生命有机体”的重要前提，更可远溯至柏拉图在《理想国》中表达的“当‘一国如一人’时则管理最善”的观点。注意这是逻辑推理使然，不是经验归纳而来。可惜的是，这种对拟人的常见误解、误用，使经济学家，特别是主张自由市场的主流学者忽视了分工与贸易的受损人群。从方法论个人主义看，受损人群没有理由，更无道德义务支持全球化，除非得到足够补偿。①

在结束本节前还须澄清几点可能的误解：其一，此处的“方法论个人主义”实源于“理性来自个人”这一基本逻辑。这并非提倡生活中常指的以自我为中心，甚至是含有贬义的自私的“个人主义”。进而也可指出，从经济研究的方法上看，即使要研究“损己利人”的行为，也不能抛开个体层面的理性。因此可以说，尽管有词语重合，但“方法论个人主义”与日常所谓的“个人主义”两者在本质上毫不相干。其二，这种方法论态度也不意味着所有的经济分析都一定明确地落脚于个体行为或者所谓的“微观基础”。在某种程度上，这类似于量子力学的产生也并不影响人们继续有意义地运用经典力学作

---

① 有趣的是，这种拟人化的处理，在国际关系的讨论中似乎更为常见，如“老大”国家如何拉拢“小弟”，应对来自“老二”之国的挑战云云。类似地，如此表述虽然方便，甚至不乏生动，但却往往忽略了国家以下层面的各种群体，乃至个人的复杂的利益诉求，因而难免失之于过度简化。偶一用之虽无大碍，但终须保持警醒，防止害人误己！

为宏观世界的近似。然而，如果两种学说的结论有矛盾，还应以前者为标准。这同方法论个人主义在经济学中扮演的基础性角色类似。其三，还有一种更加严重的思想“误区”，即认为坚持“方法论个人主义”便意味着反对对个体选择进行干预，即使这是出于实现某种群体或社会利益目标的需要。在经济学的谱系中，正如人们对奥地利学派的普遍看法那样，将提倡此种方法论倾向同主张自由放任的市场经济制度相关联（Mises，1949）。不过，一旦认识到下文将要论述的理性内涵的不同层次，以上关联实属牵强附会。其四，“方法论个人主义”的核心在于指明经济学在终极意义上必然基于个人理性选择的研究方法和视角。严格地说，这并非笔者的一种方法论主张，而是经济学作为理性选择学说这一本质的规定性使然。对之的否定并非意味着不如此做或者能够不如此做，而仅仅出于对之的无知无觉而已。

第四节　理性的先验性与经验性

为消除由于混淆理性的广义和狭义所指而带来的疑惑，不妨围绕“手段—目的理性”的概念，再区分两层含义。第一层是“先验理性”（A Priori Rationality）或“理论理性”[①]，这一概念对应于上节阐发的界定了经济解释或经济学思维方式核心特征的理性，即无论是个人，还是个体加总，甚至被拟人化的群体在其行为中体现出的广义的理性原则，后者又可以至少在原则上被还原为约束条件下的效用最大化这一普遍的逻辑。需要特别注意的是，此处的“先验的”或“理论的”意在表明这层理性是一种事先给定的、无经验内容的

① 此处“先验”亦可称为“先天”。尽管在康德哲学中，两者意义有一定差别，但在本书语境下并非严格援用，仅意在强调其为在经济解释开始之前便被给定，因而两者互换也无关宏旨。

纯粹理论抽象。由此，先验理性或理论理性也获得了最充分的普遍性，因而无法且不必经受个别经验的审视，乃至具有了某种形而上学命题的特征。具体地讲，在开始经济学（甚至其他学科）的思考之前，人们的头脑不是一块如英国哲学家洛克所指的有待经验涂抹的“白板”（Tabula Rasa），并在此基础之上，通过观察大量现实中的人类行为，然后归纳出任何所谓的“经济行为”都可以被“手段—目的理性”这一逻辑解释或者被这一结构所涵盖。相反，作为经验之先的预设，先验理性被经济学家加诸其研究对象之上。其目的不仅在于删除枝节、突出重点（如在研究市场交易时假设无信息成本等），而是发挥着一种更为基础性的作用，即使一种系统性的解释，甚至观察、描述成为可能。更一般地讲，如果无任何概念上、逻辑上的限定与前提，观察、描述所谓的“客观事物”本就不可能。就此，不妨改用尼采对道德现象的解说：没有经济行为，只有对行为的经济解释！或者换言之，只有在开始进行经济解释时，“经济行为”才会出现。甚至也可从观念与客体的关系角度来说，经济解释与其方法指向的对象——经济行为是同时产生的！

需要指出的是，这种“先验”的性质似乎也使经济学中的理性假设同某种形而上学相关联。例如，加拿大学者博兰德（Boland，1981）曾指出，位居主流的新古典经济学中的效用最大化框架实际便是一种形而上学命题，因此在经验层面对之进行求证与批评都是“无意义”（Futile）的。[①] 当然，从本节的论述来看，这一洞见虽具启发但并不彻底。博兰德的判断本不必局限于新古典主义等特定流派，而完全可以扩展至经济学的全部领域，除非首先（并无道理地）自限于某种狭义理性的范畴。这似乎也表明这位著名经济哲学家还是误解了经济学中理性的意涵。实际上，如果从更为哲学化的观点去解读，这一

① 值得注意的是，这里所谓的形而上学特性主要指不可直接由经验评判。但某些学者也在不同意义上使用该词。例如，罗宾逊夫人曾将由于意识形态或情感表达而来的判断称为形而上学命题（Robinson，1962）。

形而上学命题的主要作用可以借由康德在《纯粹理性批判》中阐发的有关概念加以澄清，即至少对于经济学家而言，手段、目的类似于“时间”“空间”等先天直观形式（A Priori Form of Intuition），人们无法不借助于此来观察、感知杂多的经验事实，并加以解释、理解，正如不能不借助时间、空间来思考运动中的物体一样。[①] 进一步地，在经济学家的眼帘之中，这种先验理性也构成了某种事先给定的思维的“纯粹形式”或概念基础，乃至非此则不能进行经济学思考。无论何种经验质料投入这种抽象的“加工盒”之中，都会按照“手段—目的”或“约束条件—最大化目标”进行组织、整理，或者说，被赋予如此的结构。正如人们将因果规律作为康德提出的十二个先天知性范畴之一，加诸物理世界一般。正所谓“对象或经验与概念相合”（康德，1960）。在此意义上讲，经济学家对其经验性的研究对象（如资源配置行为）的处理也不是一种对客观现实的被动且逼真的镜像反映，而是一种出于某种实用目的的主动思维建构、一种“立法”，甚至包括其对象本身也是在这一过程中不断被确立。这同内格尔、蒯因等美国实用主义哲学家所持有的“工具主义理论观”（Instrumentalist View of Theories）具有内在一致性（蒯因，1987；内格尔，2015）。这一哲学传统的另一代表性人物罗蒂也指出“心”（mind）并非如镜子般映射自然。这个比喻似乎更加生动地体现了理论/人类认识与所谓客观世界的关系（罗蒂，2003）。[②]

也正是由于经济学家借助这一先验概念，在解释其经验对象之前“主动参与”，从而使这种思维方式的特征是不以特定的学术派别（如新古典经济学、凯恩斯经济学等）、意识形态（如自由主义、干预主义等）、方法框架

---

① 需要注意的是，此处对康德观点仅是一种类比与借用，而非严格应用。因此，我们对其提出的认识能力（感性、知性、理性）和认识过程等思想进行了高度简化和调整。

② 当然在此还须提醒，理解此点首先要摆脱基于时常生活的、朴素的自然观念，即存在一个独立于人的认识活动的客观现象世界（包括人的行为），然后人对之进行观察、加以认识，并不断深化、逼近这一对象的原貌。对于许多缺乏近现代哲学背景的读者，这一理解将是极富挑战性的。

(如均衡分析、行为经济学等)为限——无论是否声明借助了此种思维或明确地应用数学上的最优化方法。更重要的是，这种特征是在最终的逻辑或思维方式的层次上支配着各种经济学说，因而也可以说是用于把握不确定世界的确定性概念，不受具体的时间、地点等条件的限制。例如，一个中世纪的巴黎僧侣和当代的孟买商人的行为，只要将其作为经济研究的对象，都会被投入如此的思维框架之中，并按照“手段—目的”的结构加以整理并得到解释。因此，从这个意义上讲，先验理性作为经济解释中的一般逻辑或通用语法既是非历史的(Ahistoric)，也不依赖于背景环境。需要注意这并非意味着经济学的关注重点、分析工具，以及自身同其他学科乃至整体社会生活的关系不会发生改变或因地而异。① 此外，还应意识到纯粹的先验性也使这种思维、解释方式同其应用者（即经济学家）的价值取向、信仰体系、研究旨趣等无关（见本书第五章），可谓具有一种“无客体的客观性”(Objectivity without Object)(Putnam，2002)。由此看来，这一概念也与熊彼特提出的作为分析工作前导的“分析前的认识行为”有所差异（熊彼特，2017）。先验理性本身并未使人增加了对某种对象的知识，也非通常意义上的先入之偏见，而是使认识、解释得以可能的前提。

当然，综观思想史，本节提出的先验理性的概念同米塞斯所指的使一切科学（包括自然科学和社会科学）成为可能的某种逻辑起点或“终极给定”颇为接近（即 Ultimate Given，有时也译为“极据”）(Mises，1962)。特别地，就“人类行动学”而言，米塞斯明确断言人类行动(Action)必然是理性的，甚至本身也为理性所定义(Mises，1949；Caldwell，1984)。尽管笔者的观点也在很大程度上得益于这位奥地利思想大师的启发，但与之也有重要区别。这包括：其一，米塞斯的关注在于一切有目的的行为，即“行动”(Action)。此处

① 这关乎经济学自身的历史性，对此将在本书的末尾加以讨论。

对于这样一种无所不包的学科难做评判，但本书断无这样的雄心，而是限定于经济领域之内，涉及的也仅是人类行为的经济方面或所谓的“经济行为”。换言之，笔者对行为的其他方面或其他种类行为的特征存而不论。其二，米塞斯从其先验主义（Apriorism）的立场出发，似乎对抽象“演绎”（Deduction）和“分析判断”（Analytical Judgment）强调有余，并指出可以单纯通过演绎而获取新的知识。[①] 相应地，其对人类行动学的经验层面、归纳层面重视似有不足。显然，这对经济学这样一门同现实世界紧密相连的学科来说，是一个致命性的方法论缺陷。

在一定程度上作为对米塞斯相关论点的发展、完善，笔者继而提出第二层理性，即“后天理性”（A Posteriori Rationality）或“经验理性”，用以指代将特定的经验内容倾入“先验理性”这一纯粹形式后得到理性具体的、经验层面的表现。这也是在经济学中“理性”一词应用最多，但又被广泛误解的意指。例如，在居于主流的新古典经济学中，常见的对消费者的理性行为假设是在预算约束下最大化其消费（主要指对商品和服务的消费）。消费也作为某种形式的效用函数中唯一的自变量（有时也包括“闲暇”）；而对于厂商，则是在技术水平、要素投入的约束下最大化其利润，利润也可以理解为一种对厂商或投资者的效用衡量。显然，上述的行为假设至少可以在原则上同现实世界的经验相对照。

在很大程度上，正是这种特性使经济学中的经验理性同波普尔提出的“证伪主义”（Falsificationism）相关联，尽管受到历史主义和整体主义的责难（蒯因，1987；库恩，2012），特别是遭遇某些明显的逻辑困难，如针对辅助

① 如米塞斯曾举例，毕达哥拉斯定理（即勾股定理）已经蕴含在直角三角形的概念之中，但通过演绎推导出这一定理，也不能不说是新知（Mises，1949）。但此点对于经济学究竟能存有多少适用性？对此，笔者不得而知，不妨存疑。

性假设的“迪昂-蒯因论题”（Duhem-Quine Thesis）。[①] 从波普尔的观点来看，根据上述具有经验内容的行为假设所做出的预测，便可以在原则上接受事实的证伪。由此，如果按照其影响甚大但又充满争议的“划界”（Demarcation）理论，这也构成了经济学能够获封“科学”的标准，至少是区分其中的科学命题与非科学命题的关键（波普尔，2008）。

此外，与上述的先验理性相异的是，在不同时期、不同地域、不同情境之下的个体的最大化目标可能存在较大差异，同时受到的约束也千差万别。例如，在原始共产主义和其后的私有制社会背景下，人们对消费、劳动、闲暇、财富积累等显然有不同的理解与偏好，同时也受到不同技术条件、道德标准、社会规范、情感诉求的限制。甚至更加有趣的是，在许多情形中“手段—目的”也可能发生转换或者“异化”（Alienation）。例如，马克思、西美尔等批判的资本主义社会中的“货币拜物教”现象（类似于费雪提出的“货币幻觉”），本质上就是货币从交易手段到交易目的的角色转变。因此，经验理性作为被具体经验内容填充后的理性行为的呈现或“外化”也就具有了历史性，并受制于特定的背景、条件。此处不妨引用法国思想家帕斯卡尔的名言：“在比利牛斯山的这一边是真理的，到了那一边就是错误。”（帕斯卡尔，1985）对于经验理性或理性的内容而言，情况正是如此！

有实际意义的经济研究或解释，必然建构在以上的纯粹抽象的理性形式和具体经验内容的有机结合之上，缺一不可。对此，正如本章开篇所引用的康德名言——“无内容之思维成为空虚，无概念之直观，则成为盲目”（康德，1960）。有前者而无后者，则是空洞的抽象形式，无法带来知识；有后者而无

① 简单地讲，这一基于整体主义的论题指出，很难彻底地证伪单一的科学假说，因为后者往往依赖于一组辅助性假设。换言之，一条证据只可能证伪一组而非一个命题。例如，伽利略在比萨斜塔上掷铁球的实验（此事或非史实，但与此处的主旨无碍，不妨姑且用之），严格来说也不能终审性地证伪亚里士多德的论断，因为其实验还有赖于对空气阻力、测量工具精准度等若干因素，甚至是无数个条件的假设。关于可证伪的重要性及其困难，另见布劳格（2018）。

前者，则会导致经验材料（包括数据、案例等）的杂乱堆积，无法被识别、归纳，甚至建构为研究对象，进而也难以被解释与理解，正所谓“用事实无法解释事实”（张五常，2015）。在此可以试举一例，如果没有对雇主/雇员理性行为的假设，则根本不会形成“工资”的概念。无论是从追逐利润的资本家对工人的剥削，还是劳动的边际产出，抑或劳动力市场的供需均衡等视角来看，“工资”都不是任意的（Arbitrary）、无因由和内涵空泛的数字，而是相关各方“手段—目的理性”支配下的行为结果；同时它又对应于具体的、一般可用货币衡量的价值量（因此可以与他物交换）。换言之，人们或许能够观察到一定量的货币或商品，但不能直接观察到“工资”。工资作为理性的结果，如果不由货币或其他商品量等加以反映，也变得没有实际所指。由此可见，如果理性抽象形式与具体内容缺一要素，无论是在观念层面还是在实践层面都不可能形成有意义的经济学概念。遗憾的是，似乎很少有人意识到这种关系的存在。

第五节 关于理性的两种误解

需要更加注意的是，对广义理性与狭义理性的认识偏颇，也会引发对理性原则适用范围及其“后果”的诸多扭曲性的理解。其中，最具代表性的有以下两种：首先，一种流行的观点认为，由于对理性原则的遵从，经济学对于其主流形态的研究范围被窄化为仅关乎自身物质利益、无关他人偏好的利己行为，进而忽视了人类行为中的许多异常性（Anomalies），如涉他偏好（Other-regarding Preferences）、心理诉求、冲动短视等，且又受制于决策能力、知识信息、历史条件、制度文化背景等诸多因素。在相关论者看来，上述所谓的异常行为及影响异常行为的其他复杂因素已经不能被经济学中的理性人假设所把握。此类假设过于窄化，以至失之于现实性，而这门学科对现实世界的“无用”甚至“伤害”也多源于此。对于这种主张关注所谓的非理性行为，进而抛弃、超越理性人假设的观点，不妨称之为“过窄论”（Simon，1955；Sen，1977；Camerer et al.，2005；Ariely，2008；Lagueux，2010；卡尼曼，2012；希勒，2016）。如在本书绪论中提及的，以上主张在2008年国际金融危机后越发常见。

其次，另一种相对少见的观点认为，如果经济学仅建立在预设的、带有公理性质的理性原则基础之上，则会退化为一种无法质疑但完全空泛的理论抽象，即以无经验内容的理性原则（或约束条件下的效用最大化）来解释万物，虽然不可能出错，但实际上又什么都未解释，当然也没有获得新的知识或提高预测能力。特别地，如果以理性原则来定义“行动”或罗宾斯的“行为的经济方面”，而不指出其具体的经验对应物，则经济解释虽可“赢在定义”（Winning by Defining），但会陷入“重言式”逻辑（Tautology，又译作“套套逻辑”）的陷阱之中（Coase，1978；Rosenberg，1979；Green and Shapiro，1994；Hodgson，2012）。对于这种批评理性原则的泛化空洞，强调其应当包含具体内容的观点，不妨称之为“过泛论”。

通过对先验和经验理性的区分可见，以上两种不同但并非对立的观点虽有各自的价值，但对理性的认识都表现出明显偏颇。[①] 一方面，“过窄论”的谬误恰是来源于其自身对理性先行做出的窄化理解，即将理性原则等同于某种嵌入了经验内容的理性具体版本，尤其是主流的新古典经济学中有关效用函数和约束条件。实际上，无论就效用函数的决定因素还是表达形式看，其约束条件都无理由不可调整、拓展。首先，效用或其他最大化目标当然不必仅限于自身的物质收益。就此不妨试举一例：在一个两人参加的“最后通牒博弈”（Ulti-

① 从整体来看，在自19世纪末至20世纪70年代关于“经济人”的三次争论中，无论是辩护方还是批判方，都没有正确区分、理解两层理性的含义及其关系，因此难免落入“过窄论”或“过泛论”的误区。见杨春学（1998）对“经济人”概念的述评。

matum Game）中（Nowak et al.，2000），按照所谓的经过窄化处理后的理性原则，提出货币奖励分配方案的一方应当仅给对方保留略大于零的收益，而将绝大部分留给自己。其次，无论两人之间的分配如何不均，应答者也会同意这一方案。然而，大量实验的结果并非如此。实际上，大多数提议者并不会提出几乎独占收益的方案，而应答者通常也会拒绝己方获益份额太低的方案。对于“过窄论”者而言，由于这一博弈显示出某种非理性行为，因此构成了一个有效的关于理性原则的反例。但是，从上述“两层理性”的视角来看，有关实验结果仅可能形成对一种理性的具体经验版本的证伪（如理性人应最大化其货币收益，没有其他追求），但并非提示相关博弈者的行为无关于“先验理性”，因而无法用“手段—目的理性”的框架加以解释。非严格地讲，如果在博弈者的效用函数中引入对“公平”的考量，则其行为就会被这一理性原则的新版本所解释。

人所受到的约束也不仅限于技术、资源、预算等，而是包含信息、知识、意志力、计算能力、道义责任、宗教戒律等。因此，在上述博弈中，应答者一方也可能是由于对游戏规则不甚明了而拒绝或接受。进一步地，由这种对约束条件的广义化处理也可见，影响巨大的西蒙的“有限理性”以及“满意即可”（Satisficing）的策略（Simon，1955），在概念上也未超出约束条件下的最大化这一框架。简而言之，西蒙的贡献主要在于提出理性人在信息、推理等方面存在有限性或需要付出成本，因此往往选择一个获得效用“较低”但尚可满意的选项。此处的“较低”是相对于没有这种“有限性”时能够实现的效用。但从先验理性的角度来看，这里并无任何非理性之处，而上述限制因素在本质上也无非构成了对其行为附加的约束条件，只不过通常在主流经济学中至少未被明确地加以考虑。由此可见，“有限理性”的提法可能并不高妙，特别是会带来诸多误解。这类似于在“受约束的最大化行为”前再加了一个累赘的“受约束的”（Constrained Constrained Maximization）定语，而受到预算的约束和受到信息和计算能力的约束有何本质不同呢?强行区分,虽然可能符合日常语言的习惯,但在逻辑上则徒增困扰,如“有限的有限”和“有限”不是一回事——多少令人莫名其妙!因此,如果举起“奥卡姆的剃刀”(即“如无必要,勿增实体”),这一概念甚至也有待清除。相应地,西蒙及其行为理论追随者的创新、发现与其说是提出了理性的有限,倒不如说是扩展了行为的约束!

遗憾的是,受到这位诺奖得主或直接、或间接的影响,上述对理性的误解在学界可谓俯拾即是,尤其是渗入后危机时代的经济学方法论反思之中。除去克鲁格曼对主流理性假设的批评以外,此处不妨再举三例:其一,在经济哲学方面颇有建树的加拿大学者拉格(Lagueux,2010)指出,“理性不意味最大化”,因为这要求决策者“全知全能”。此处的问题在于,人们所指的理性或最大化行为当然受到一定条件的约束与限定。然而,拉格显然又将“知”“能”从约束条件中强行排除了,即所谓的“最大化”行为仅能受到预算、技术等主流经济学中常见因素的制约,而如果受到行为者知识、能力等方面的约束,其行为就不能称为最大化。读者如果对以上叙述感到费解实属自然,因为正是相关论者制造了其中的不必要的困惑。其二,2017年,塞勒教授凭借其对于“有限理性”等方面的研究夺得诺贝尔奖。这当然价值非凡,意义重大,但应看到其贡献主要在于经验层面,即除去预算等约束,还有什么影响了我们的决策或选择。在概念层面,“有限理性”仍旧是一个容易引发误解和混乱的字眼,而且其背后逻辑,即对于行为约束的拓展也本无新意,除非我们忘记相关研究的历史。其三,类似地,近年来致力于经济学教学改革,并提倡“真实世界的经济学”的德国著名学者科姆洛什(John Komlos)在其新作中再次重复了此类误解,如认知能力有限、大脑并不完美、满意不意味着最优、决策往往凭借偏见与直觉等(科姆洛什,2022)。

为便于整理思路,笔者在表2-1中对比了主流的新古典经济学和相对新兴的行为经济学中常见的最大化目标和约束条件。后一学科主要的关注点即在于

各类“非理性”“非最优”或“非最大化”行为及其后果。由表2-1可见，两种范式虽然基于不同的目标与约束假设或观察（更严格地讲，对目标与约束的经验对应物的假设或观察），但其思维的“结构”完全一致，可谓两个同构异质体！因此也可认识到，理性作为经济解释的结构规范，无非意味着约束条件下的最大化思维！

表2-1 最大化目标与约束条件：不同学派的比较

项目 \ 方法	新古典经济学	行为经济学
最大化目标	消费、利润、其他自身的物质利益等（通常可以货币衡量）	道德愉悦、心理满足、正义感、自我实现等
约束条件	货币预算、生产能力、资源禀赋、技术条件等	道德义务、信息、知识、推理和计算能力、意志力等

资料来源：笔者自制。

另一方面，尽管“过泛论”者似乎理解了“先验理性”的含义，但也误解了经济研究对作为纯粹抽象物的“先验理性”的依赖。例如，张五常（2015）曾对效用理论的解释力提出质疑，“功用因为不是真有其物，其理论要多加手续才能验证，在推理时容易中套套逻辑之计。说一个人跳楼、离婚、杀子等行为，都是为了争取个人功用数字最大化，当然对，因为不可能错。这是套套逻辑。”① 著名演化经济学家杰弗里·霍奇逊也曾提出类似观点，且更具讽刺性：“提问：为什么小鸡过马路？回答：为了效用最大化。一些经济学家可能会满意于这个回答。”（Hodgson，2012）然而，此类批评甚至挖苦皆近乎臆想。因为在严肃的、被学术共同体认可的经济研究中，无论属于何种流派、持有何种观点，没有人会止于这种空洞的解释，如某行为出于效用最大化。持此说者，如张五常、霍奇逊也没有给出任何具体例证，即哪位经济学家确实曾如此进行经济解释。实际上，对纯粹的理性原则的强调以及对“手

① 此处的“功用”即指英文中的“utility”，一般译为“效用”。

段—目的”的广义化理解绝不意味着仅凭此点，进行演绎就可以解释、理解、预测现实世界纷繁芜杂的经济活动。相反，作为经济学家有意或无意的，但又没有例外的研究方式，先验的“手段—目的”形式必须同某种具体的经验内容结合才能使经济解释成为可能。

为更加形象地说明其中的道理，在此不妨做两则类比。首先关乎语言：在“人追狗”这一中文短句中，单凭其“主语+谓语+宾语”（SVO 形式）这种通用的语法结构当然不能表意。在现实中也没有仅学会了其语法而不需要填充词汇就能运用的语言。相反，此处的“主+谓+宾”结构必须和“人”“追”“狗”等具体内容相结合。然而，这也并不表明语言的结构、规则可有可无或者其使用者想怎样就怎样。如上句改为“狗追人”“追人狗”“追狗人”，其含义也相应变化。其次关乎日常生活：在烤制蛋糕时，既需要模具，也需要配料。前者可以为蛋糕塑形，即放入不同食材（或是新古典式的配料、或是凯恩斯式的配料等），模具都为其提供了一个相同的形状。没有人仅靠模具制作蛋糕，但如无模具也不可，而只能得到一堆瘫软、散乱的质料而已![①] 如用更哲学化的表达，其中的逻辑也类似康德提出的人类求知过程所遵循的，但又往往不曾意识到的通则，即所谓“左执原理”“右执实验”（康德，1960）！前者给定思维的逻辑形式，后者提供可以观察、检验，并赋予形式以实际意义的经验材料，缺一不可。

以上关于“过窄论”和“过泛论”的回应，旨在进一步辨析“先验理性”与“经验理性”之间相辅相成的关系。简言之，理性行为当然可以不囿于特定经验版本，尤其是主流经济学的通行但简约的假设，进而被拓展、修正以便更加贴近现实。但这种理性的经验内容的调整、丰富、变化（有时也称为

---

① 与此逻辑相通的是，法国数学家彭加勒（J. H. Poincaré，又常译作“庞加莱”）在讨论物理实验与归纳“推广”（Généralisation）时也指出，“许多事实之不成其为科学，正如一堆砖石之不成其为房屋”（彭加勒，1997）。

“内容充实”策略）（Vanberg，2012），并不改变理性原则所提供的、对于经济学家来说是无条件的结构。这由经济解释的一般逻辑所塑造：具体来讲，即“手段—目的”的权衡或约束条件下的效用最大化思维。因此，就其先验的纯粹性而言，理性人“假设”并非真正的，有待证实或证伪的假设，而是如彭加勒所指的“伪装的公约”（Disguised Convention）而已（彭加勒，1997）。从这一意义上讲，认为经济学中的“理性人”假设是某种“约定主义”（Conventionalism）的，甚至是某种“有用的”重言式逻辑似乎也并非不可。这种约定一旦达成，关注点也自然转向其“后果”，而非其他的约定。

第六节 经济学中的“本体”与“表征”

在结束本章之前，笔者希望借由评析林毅夫教授的相关观点，通过“两层理性”的视角，深入阐发关于经济学中的抽象与具体、形式与内容、演绎与归纳等关系问题。具体来看，作为国内对经济学方法论有深入研究的极少数学者之一，林毅夫（2012）认为，在经济研究中人都是理性的，即在可能的选项中人们总是做出认为最好的选择。因此，“理性”是一切经济理论赖以展开的不变的“本体”，但其外在表现又在不同约束条件下有所不同。进一步地，在这一认识基础之上，对于诺贝尔奖得主詹姆斯·赫克曼（James Heckman）所言的“问题的产生在于现在和过去不一样，而问题的解决在于现在和过去的相似性”，林毅夫解读道：“他说的‘相似性’指的是‘理性’，在过去和现在都是相似的，而‘不一样’指的是条件的不同。”林教授进而阐述道：“理论的产生是来自‘不相似性’，不相似性是讲条件的不相似，但问题的解决是相似的，只有按理性的原则来解决问题才能使社会前进……”在一定程度上，以上颇具启发的论点同本书有一致之处，但笔者也冒昧指出其中的重要区别：其一，理性的“可变部分”，即其千差万别的内容表现，绝不仅限于约束条件，而且还在于，甚至主要在于最大化的目标或者理性行为的目的。也正是在此层面的不同，往往导致重大的行为差异和决策分歧。对此，本书（主要集中在第四章、第五章）还将深入论述。其二，关于对赫克曼之语的理解，则更加充分地表明了在缺乏“两层理性”这一概念工具时，相关论者对不变的理性形式和可变的理性的经验内容的表述不清与理解困难。按照“两层理性”的逻辑，这里完全可以有一个更为清晰、合理的解释，即亘古不变的，或说相似的，正是本书指出的先验的、抽象的理性形式，即约束条件下的最大化这一思维框架。这也构成了各种经济理论共有的“本体”。可变的、随时随地“不一样的”则在于最大化目标和约束条件的具体的经验对应物。如果在不同的“场景”中，经济人存在相似的目标和约束，我们便找到了所谓的“经济规律”，并且据此可以毫不费力地解释、预测被这种规律所决定了的研究对象的行为，进而使问题得以“解决”，仅此而已（本书第三章第五节还有相关论述）。其三，林教授的某些观点虽然在其论述中颇为重要，但却语焉不详，以致难以详细地加以述评。例如，他将“理性”定义为行为人选择其认为最好的选项，但又对“什么是‘好’的?”“‘认为’又意指什么?”等问题未加详论。同时，其关于理论产生于条件的“不相似性”等观点也显得过于模糊、简略。其后，林教授又将赫克曼的观点同禅宗和心学相联系，但似乎也没有增添说服力，甚至有徒生枝节之嫌![①] 当然也应注意到，以上论述的语境仅是一个关于方法论的“访谈”，这可能也是当今经济学家对待方法论的最常见的方式（见本书第一章），因而对许多概念、逻辑未及严格、充分地论

---

① 关于此评析，还需强调两点：其一此处的商榷丝毫不减低笔者对林毅夫教授的敬意。其二这里的解读其实重点也并不在于揣度赫克曼的本意，对此笔者毫无兴趣，而在于如何认识经济学中的“变”与“不变”等观点，无论这由谁提出。

证。由此，这种“语焉不详”是完全可以理解的，但其受众（包括笔者）对之产生认识偏差可能也在所难免。①

综合以上分析，区分“两层理性”实际上也揭示了经济学的不变的“本体”与常变的“表征”。两者的有机结合不仅避免了无内容之“空虚”与无概念之“盲目”，也暗示了在经济研究中所谓抽象逻辑“演绎”和具体历史“归纳”方法实际上是彼此不可或缺的。借用英国近代哲学家培根的妙喻，经济学家需要成为采用“中道”的既采集又能加工转化的蜜蜂，而不是只会采集的蚂蚁或仅凭自身材料编织丝网的蜘蛛！（培根，2009）。综上所述，正是事先给定的必然的理性原则为经济学家的归纳提供了基本的逻辑框架，而具体的、历史的、或然的经验内容又将演绎同现实世界相关联，并且得出某种统计意义上的“历史规律”或“经济规律”，即关于最大化目标和约束条件的经验对应物的或然性规律（如多数厂商的目标是利润最大化、多数人工作是为了消费等），从而也使经济研究超越了其纯粹的、必然的逻辑形式而与偶然世界相联系。因此，至少在这种意义上，围绕经济研究（或更宽泛的社会科学研究）中的演绎与归纳、理论与经验等孰轻孰重的旷日持久的争论也得以调和，如门格尔和施穆勒在一百多年前展开的关于“历史”的著名方法论之争（门格尔，2007）。当然，换言之，这种合意的调和的实现，也有赖于深入理解由以上“两层理性”决定的经济解释的本质特征。

① 需要指出的是，由于对两层理性不加区分，相关讨论的错误、含混是具有普遍性的，而林毅夫教授的观点并非罕例。例如，布劳格曾在其影响甚大的方法论专著的第 2 版中，专设一章讨论理性。然而由于没有上述的概念区分，因此混同了经济学中先验的理性形式和理性的经验内容（Blaug，1992）。这位杰出的经济学方法论专家指出，引入“固定价格”（即价格黏性）假设的凯恩斯经济学没有基于理性的效用最大化思维。但按照本书的观点，此判断如果成立，只能有赖于先将“理性”的定义窄化，并增添信息完全、价格调整无成本、不存在价格管制等附加假设。如果放松此类限制，维持固定价格的行为当然可以解释为有目的的理性选择。因此，此例完全不构成对纯粹抽象的广义层面的理性的反证。另外还值得一提的是，布劳格对波普尔提出的理性原则在经济学中的适用也不乏误解，此处不再详论。

第三章　经济学的“前因”：再论理性原则

“虽然在科学中特殊的真理要先于一般的理论，我们却可以料想，在道德或立法这样的实践性人文学科中，情况或许恰恰相反。”（约翰·穆勒《功利主义》）

“只有在一种情况下，唯一的一种情况下，人才会故意地、自觉地渴望去干那甚至对自己有害的、愚蠢的，甚至是愚不可及的事情，这就是：为了有权渴望去干那对自己甚至是愚不可及的事情，而不愿受到只许做聪明事这一义务的束缚。”（陀思妥耶夫斯基《地下室手记》）

尽管上述的“第一原理”对经济研究的支配可谓无远弗届，然而由于未对先验与经验层面的理性做出概念上的区分与澄清，也使这一经济解释的一般逻辑实际成为“最熟悉的陌生人”，混杂于经济学这一沉闷科学的每日实践之间，或被无视、或遭误解。实际上，正如穆勒在上述引言中指出的：在科学研究中（主要指自然科学），得到特殊理论往往先于探索一般真理，而其“详细学说”也不以对其“第一原理”的深入挖掘为前提，正如树木的繁茂不需要将其根系示人。对于“实践性人文学科”而言，由于其核心对象是人的行为，

因此关于其行为通则的考察应当先于对具体行为的探究，这两者的关系类似于地基与大厦（穆勒，2019）。不难推知，穆勒的观点同样适用于经济学，经济学自然也可归于所谓的“实践性人文学科”：如果没有对时常隐藏在纷繁的表象之下底层逻辑的深入认识，则有如在地质情况不明的地块上建筑高厦。尽管各类部件装饰异彩缤纷，但不免摇摇欲坠，甚至在某刻轰然倾覆。有鉴于此，在前面讨论的基础上，本章将继续澄清和讨论作为经济学“前因”的理性原则及相关的概念性问题，进而展现其为经济解释带来的各种常在意想之外，又在逻辑之中的后果与影响。

第一节 学科分工与“先于存在的本质”

从方法上看，经济学研究理性行为或行为中可被理性化的方面。如此这般并非出于理性行为现实性或重要性的考量，也非因为简化分析的需要，更非便于应用数学工具的目的。实际上，这主要是学科分工的“约定”使然，也是作为理性选择学说的经济学被给予的“前因”。甚至据此可以说，经济学家可以怀疑一切，除了理性![①] 显然，任何一种学科都有其事先给定的若干公理性原则以及由此划定的范围，而基于理性原则的经济学也不例外。例如，“人从高空跳下为什么以自由落体方式坠落”不会被认为是一个经济学问题，即使某位“经济学家”能对此进行科学的解答，但此时也不是以其专业的身份，而是基于其物理学的知识。因为这一“运动”并非发自人的“能动性”，故此

① 例如，按照通行规范，一个物理学期刊，不会发表研究《红楼梦》的文章，除非其主旨和物理相关。反之，红学期刊也不会发表物理学论文。这并不表明编辑对物理和红学孰轻孰重有所偏好，而是关于专业领域分工的事前“约定”使然。这种约定一旦给出，也无须再为之给出理由。

甚至不能被称之为“行为”或“行动”，更无法被还原为“手段—目的”理性支配下的结果。[①] 当然，此人选择是否跳下却可以按照理性原则还原，由此也具有了留待经济学解释的可能性。[②] 类似地，如果我们假设存在着完全不能给行动发出者带来无论在何种意义上的收益报偿，后者对应于纯粹的或“强式”的利他主义（Strong Altruism），其实也等价于将这一行为的目的性完全排除（按照上文所指的米塞斯的观点，此时甚至也不能称之为“行为”），从而将其置于经济解释或经济学的分工范围之外。在此情形下，对经济学家而言，此类“行为”仅作为外生给定，而需要关注的仅是其“后果”。不过，由于对理性概念的认识不清，似乎这一逻辑并未在所谓行为主义的讨论中引起足够的重视（西蒙，2016）。

需要提醒的是，专业上的分工并不意味着经济学的“关注领域”是一成不变的，而仅指其“关注方式”因先定而不变。实际上，恰是由于先验理性的纯粹的抽象性，由其所规定的经济学研究空间和相应的具体方法也必然是开放、鲜活且充满实践性的，亦即由经济学家的实践所决定。[③] 对此，前文提及的“经济学帝国主义”便提供了丰富的案例（Stigler and Becker，1977；Hirshleifer，1985；贝克尔，1995；Becker，1996；Lazear，2000；Mäki，2009）：一方面，自20世纪70年代以来，经济研究开始大规模“侵入”其他社会、文化现

① 对此，可以参见戴维森关于“能动性”（Agency）及其归属问题的讨论。这位20世纪美国分析哲学代表性人物区分了“我打架”和“我患了感冒”两种情形背后的意向性差异，即以实现某种目的为指引的特性（戴维森，1993）。此两例与本书所指的“某人跳下”和“某人身体坠落”类似。

② 非严格地讲，一生致力于与经济学相关的研究，如考证斯密、凯恩斯等的生平、分析随机过程（Stochastic Process）的学者，自然也可能供职于经济院系，被称作“经济学家”，也会在公认的经济学期刊发表文章。但以后者为例，似乎没人认为，当他/她在解释“随机游走”（Random Walk）数列的统计性质时，是在做一个“经济解释”或者在运用经济学的思维方式。而且，在其研究过程中，使用经济变量或其他学科的变量（如生物统计），甚至无实际对应物的计算机生成数据，并无本质不同。此外，还值得一提的是，本书这样的经济学方法论研究自然也不直接基于理性原则，因而在此意义上讲也不是一项“纯正”的、狭义的经济分析，而更贴近关于经济学的哲学反思或“经济学之后”的研究。

③ 在此意义上，这也反映出本书观点同前述的方法论“无政府主义”的一致性。参阅本书前言。

象，而不再拘泥于物质财富的生产/分配/消费或者资源配置等传统主题；另一方面，在经济学内部，通常作为外生给定的、用于解释其他经济变量的变量，如偏好、习惯、口味等自身有时又成为经济解释的对象，即被“内生化”（就此笔者还会在本书继续讨论）。总之，无论是在现实中的视域扩展，还是在逻辑上对高一阶原因的“追问”都将会无穷无尽，因此单纯地从对象层面来讲，经济学的研究领域似乎是没有边界的。但与此同时还须再次提醒，经济学作为一门关于理性行为或行为的理性方面的学科这一本质，无论从其“家计管理”“经世济民术”甚至“行为科学”等形态历变看却都没有丝毫改变。在很大程度上，这也成为这门古老而常新的学科在不断发展演进中保持恒定的“人格同一性”（Personal Identity）的逻辑基础，从而使之在与其他学科进行对话、合作甚至争论时，既不至于自失，也无理由自负。

继续追问为什么经济学一定要分工于此是完全合理的问题，但这便超出了作为经济学家所能给出合理解释的智识范围。然而，这一问题也不妨如此理解：法国哲学家萨特（2014）曾经提出了一个存在主义哲学中的最基本命题，即对“注定是自由的人”而言，“存在先于本质”；对于被人创制的如“裁纸刀”等工具而言，则恰恰相反，也就是“本质先于存在”，即“裁纸刀”是由于要裁纸才出现的，因此也注定是一种工具性的存在。类似地，经济学作为一门实用性学科的本质，即约束条件下的最大化思维，也在其存在之前即被给定。值得指出的是，从此点来看，笔者将经济学视作一种人造工具来考察其本质，也同一般的、源自柏拉图的“本质主义”（Essentialism）的观点相异，该主义认为事物存在着独立于人（作为认知者）的某种恒定属性。相应地，反本质主义的论点自然也不适用于此。[①] 总之，关于经济学为什么被分配给这种

① 在经济学方法论研究中，Hollis 和 Nell（1975）为“本质主义”较有影响力的代表。他们认为“再生产”（Reproduction）是经济系统的本质，因而也构成了经济理论的基础。对此，布劳格进行了颇为直率的批评（Blaug，1992）。

而非那种本质的追问尽管是合情合理的，但如果有答案，也必在经济学“之后”或“之前”，也可说在经济学的语言之外。[①] 从此视角来看，这也同维特根斯坦的著名论断，即“世界的意义必定在世界之外”相一致（维特根斯坦，1996）。

第二节　理性原则的现实性与可证伪性

不理解“理性原则”是经济学的“前因”或先于其存在的本质，常常会导致一种基于后天经验视角的误解，即将这一原则视作一个对现实的近似或摹写。实际上，熊彼特（Schumpeter，1934）就曾指出：“关于行为是及时和理性的假设在任何情况下都是一项虚构。但是如果人们有时间被迫懂得事物的逻辑，它将被证明会充分地接近现实。一旦如此，在其发生的地方和限度之内，人们就可以满足于这种虚构并以此建立理论。”显然，按照本书第二章的有关论述，如果认为理性行为总是一种“虚构”（Fiction），则较之于作为抽象建构的“先验理性”，熊彼特的观点到此为止可能与本书观点并无根本差异。然而，这一层次的“理性”扮演着一种特殊角色，即使经济分析得以进行，或更具体地讲，使经济解释得以可能的先验预设。在此意义上也可认为，这是一种“功能性”（Functional）的理性或理性原则，因而不应理解为对现实的“近似”，甚至提出其现实性高低的问题本就是不合理的。通俗地讲，并非是经济学家通过观察，发现生活中大多数人类行为（如95%）都是“手段—目

① 从人类行动学的观点出发，米塞斯也曾指出，“终极给定”是非理性的，因为我们无法对之进行分析或还原成其他“给定”的结果。果能如此，就不能算是“终极给定”（Mises，1949）。

的”权衡的结果，然后再以此作为一种近似。① 相反地，只有将这一预设同某种经验内容相结合后才能讨论、评价其现实性。例如，利润最大化或股东权益最大化等假设都是对现实的近似。这种近似的质量高低也可进一步同事实相对照。如果确实观察到大多数厂商如此行事，则可以认为这是一个“好”的近似，甚至在实际中被非严格地但又易被误解地称为“正确”。反之则反，只要不违反不矛盾律，即假设最大化 A（如利润）同时又假设最大化“非 A”（如股东价值），这种假设在逻辑上也是可行的。当然，还须注意的是，尽管在此层面可以讨论现实性问题，但当评价某种经济理论的优劣，并非要求对现实的拟合度越高越好，而是需要根据研究目的和其他条件综合判定，特别是要在现实性、简洁性和普适性间取得平衡。一个常见的比喻是将理论（当然不限于经济学）比作地图，地图需要因用途的不同而有所取舍和简化。例如，如果用于指示公路交通可以标注加油站、休息区、事故高发区等；如果用于地形地貌分析则一般无此必要。完全逼真的、面面俱到的地图虽然最具现实性，因为它就是现实本身，但却只是对“杂多”的显现罢了。理论在此已了无意义！②

此外，上例再次引出了关于理性行为假设的可证伪性问题。实际上，正是波普尔首次明确提出了“理性原则”的概念并阐述了其在社会科学研究中的地位与角色。相关论点集中呈现在一篇颇有影响的、起初用法语写作的文章中，但其篇幅很短，论述似乎并不详尽、清晰。一方面，与米塞斯迥异，波普尔反对理性原则的不可错的先验性，并认为其“实际上是错误的，但却是一个对真理的良好近似”（Popper，1985）。这一关于近似现实的论点同上述的熊彼特之言相近，在此不再赘述。需要展开的是，这里似乎深藏着一个矛盾，即

---

① 有趣的是，公共选择学派奠基人塔洛克（Tullock）曾指出，从通常意义上讲，95%的人是自私的（Frank et al.，1993）。

② 从某种终极的视角来看，由于人类先天认知形式的局限，所以对理论“现实性”的评价甚至根本就不可能在经验层面实现。例如，美国哲学家蒯因就曾断言，科学是否与康德所谓的“物自体”相符本就是一个超越了人类经验与认知的问题（蒯因，1987）。

在探讨经济学或其他社会科学时，波普尔主张依据这一与现实不符但近似的原则进行所谓的“情景分析”（Situational Analysis）。情景分析指分析在某一情景的限制下，为实现某种目的而采取的适当行动，又被称为“情景逻辑”（Situational Logic）。另一方面，波普尔不仅提出了与其名字紧紧印刻在一起的“证伪主义”，并主张以此统一自然科学和社会科学的研究方法——这种观点也被称为“方法一元论”（Methodological Monism）。[①] 从表面来看，上述两种主张是难以调和的：既然理性原则是与现实不符的，或者说已经被证伪的“错误”原则，为何又不被废弃？对于这种看似不一致甚至矛盾的态度，拉格（Lagueux，2010）曾解释到，波普尔之所以如此，主因在于其相信理性原则是对现实的“良好近似”，而反例总归是少数。至于证伪，则是从原则上而言，甚至是一种在严格的逻辑层面的“苛求”。此外，对于这一冲突，深耕经济学方法论多年的著名学者韦德·汉兹也提出了所谓的“两个‘波普尔’”的问题（Hands，1985）：一个对应自然科学，另一个对应社会科学。需要指出的是，笔者在此处的重点并不在于阐释、还原波普尔的真实观点与用意，而是从两层理性角度对这一问题阐发笔者之见：一方面，理性原则在被填充了具体的经验对应物之后也就获得了现实性，进而也获得了可证伪性。无论其程度高低，都可以至少在原则上被置于证伪主义的检视之下。当然，如在本书前文所述，这只是一种可能性，并非一定如此，而且通过“判决性实验”（Crucial Experiment）来进行证伪甚至理论选择，既难实现，也不符合科学史的实际进程，似乎没有一种有影响的理论以这种方式被抛弃。[②] 另一方面，使这一分

① 关于方法一元论和与之密切相关的社会科学的“自然主义转向”，可参阅（汉兹，2009）。

② 因此，尽管其影响巨大，但当今这种简单依赖判决性实验的“朴素证伪主义”（Naïve Falsificationism）的拥趸似乎已经十分罕见，而库恩的“范式转换”（Paradigm Shift）和拉卡托斯的“精致证伪主义”（Sophisticated Falsificationism）则赢得了更多支持（见库恩，2012；拉卡托斯，2005）。那种认为波普尔的可证伪性已经成为科学界无可争议的评价标准的观点实在是出于对相关科学哲学进展的不了解！

析、解释得以展开的抽象的理性原则，作为一种由于学科分工而给定的预设或约定，自身既无法也不需要接受证伪或与经验材料对质。这也使经济学在很大程度上与自然科学相异，后者主要以非目的性的自然现象为对象（部分可被理性原则统摄的生命活动除外）。由此看来，波普尔对先验主义的拒斥实无必要，竟至面对在现实中并不罕见的各种“不适当”的行动，又不得不借助弗洛伊德等提出的非科学的心理分析，将之解释为“人们所见”之下的适当。通过这种“不可能出错”的论断，波普尔实际上又皈依了其拒斥的先验论（Lagueux，2010），并使自己的理论陷入自相矛盾。总之，证伪主义之下的方法一元论既在前一意义成立，即理性的经验内容可被证伪；又在后一意义失效，即先验理性仅作为抽象的理论预设。因此，一旦澄清了理性的两层含义，表面上令人困惑的“两个‘波普尔’”在逻辑上也并不必然相互排斥。

第三节　“好似”理性

在思考理性原则现实性的过程中还往往导向另一种重要误解，即人类作为某种“能动者”对其行为的前因后果具有或者应当具有明确的认知。然而显见的是，在现实世界中，人类（也包括其他生物）的行为经常是无意识的，而行为者也对诸多约束性因素不甚明了，更难断定未来的结果。不能不说此种状况在生物进化、市场竞争，以及其他社会行为中都普遍存在，甚至这才是正常状态。然而，从经济学的视角看，一旦此类行为成为经济学研究，特别是解释的对象，那么也将被纳入理性的“模具”之中，即成为“好似”（As If）理性的行为。换言之，经济学家并不必定获知或者说并不在意其研究对象是否有意识地遵循理性原则，而仅需拾起后者作为纯粹抽象的思维框架工具。因此，我们不妨称之为“方法论理性”以突出其作为认知“方法”的用意。此处的重点不在于理性原则是否是一个实质性的行为法则或者对“实在”因果的客观反映[①]，而是从实用主义的角度看，如果经济学家如此设想或建构，将会对解释、预测其对象有否有帮助？答案当然是肯定的，甚至收获超乎所愿！

例如，阿尔钦（Alchian，1950）和弗里德曼（Friedman，1953）曾指出，某些最大化行为（无论是以利润、成功、生存等为目标），即使不是当事者为某种目的有意为之，但通过假设其行为“好似”如此，也能提供有意义的解释，进而有助于预测未见与未来的行为。[②] 就此，以上两位大师不约而同地提出一个相同的例子，即尽管植物并无意识活动，因而也无法为自身设定目标并加以追求，当然更不懂得阳光角度变化的规律和光合作用的机理，但在自然选择之下，植物叶片的排列符合接受阳光最大化“行为”的结果，否则会因光合作用不足而被淘汰。更重要的是，由此还可以进一步地预测在给定环境下，一株植物的叶片将会如何排列，或是有何种形态的叶片。此外，作为这一思路的更早应用，米塞斯在其人类行动学的框架下，也将“手段—目的”权衡之下的“行动”概念加诸不受意识支配的生物现象。他指出，如果生命有机体的应激反应能够被有目的的行为所解释，如保持生命力，则也将被视作待研究的“行动”（Mises，1949）。从本书的观点来看，这也意味着为这种应激反应被赋予了理性，从而得到解释。

需要指出的是，这种“理性建构”主要是对有待解释的现象或行为进行“目的化”处理，而其中的思路也在更加一般化的科学解释中占据重要地位。科学哲学家内格尔曾指出，正如在探求人为什么有肺这个器官时，指向其功能的解释说明并不需要被解释的对象是“具有意识的能动者”（Conscious Agents）或者是其支配下的产物，也不需要将之“拟人化”，但这都不妨碍我

① 关于“好似”理性假设中的现实性或重要性在不同科研目的下的差异（Lehtinen，2013）。

② 弗里德曼的方法论甚至也被称为“‘好似’方法论”（As-if Methodology）。

们了解肺的主要功能，因而也就回答、解释了为什么会有这个器官的问题（内格尔，2015）。不难推知，本节所指的借助“好似”理性的解释也可归属于这种所谓的“功能或目的性解释”（Functional or Teleological Explanation）。后者，作为内格尔提出的四种解释类型之一，广泛适用于生物学和社会科学领域。①

总之，基于“好似”理性的处理过程在本质上就是假设当事者在理性原则支配下展开行动或做出选择，然后关注这一假设的后果，并做出预测。无论是上例中的叶片排列、生物应激反应、器官功能，还是所谓经济人的行为。需要注意的是，这一逻辑也呈现了经济学中的理性建构（向给定的理性形式填充经验内容的过程）的一种方式，甚至可谓一种“反向操作”，即不是首先观察、归纳行为者的目的，然后总结、整理出某种理论通则；而是首先假设待研对象追求某种目的，进而推演出其为实现这一目的将如何“行动”或出现何种状态，再将之与经验相对照。就此，除树叶排列外，弗里德曼提供的一个直接来自经济研究的例子似乎可以更好地说明：尽管现实中厂商的投资、经营时常不以利润最大化为目的（至少不有意为之），但如果设想其“好似”如此，这也是主流经济学中最常见的基本假设，同样可以预测一个能够长期存续的厂商会怎样行事，如选定使边际收益等于其边际成本的产出水平（Friedman，1953）。不难推知，如果进一步将之同现实中的厂商行为比对，也可评判其可存续性的强弱。

在结束本节前还应补充说明的是，通过此前的分析也可知，至少对经济学家而言，基于“好似”逻辑的“方法论理性”不仅是为解释或预测的需要，

① 此处应当区分另一种“好似”理性的常见应用，即个体的行为实现了某种有别于其自身目的或初衷的群体或社会目的，好似个体有意为之。这在曼德维尔的“贪婪蜜蜂”、斯密的“看不见的手”，甚至黑格尔的“理性的狡计”（The Cunning of Reason）中都有生动的体现。不过，结合本书的语境，此类行为如果被称作“好似为公”可能更为贴切。

而是有着更加根本的、认识论层面的作用，即使相关问题能够被纳入经济学的思考范围，如没有意识、非人格化的目的性活动。特别如上述的米塞斯所言，为生理反应赋予目的，就可将之纳入人类行动学的研究视域之中。如果不能如此处理，则需要借助其他概念工具，如假想的“本能”（Instinct）用以刻画全无目的的“行为”或更准确地讲“非行为”。当然，由于后者的特性，这无疑标志着人类行动学探求的终点（Mises，1949）。显而易见，这也将是更加狭窄的经济学研究的终点。需要再次声明的是，这种依据能否被视作“理性”而做出的学科界定仅提供了一种可能性而无关充分性。例如，经济学家可以谈论叶片排列、器官功能或者物种的生存博弈策略等问题而毫无违和之感（道金斯，2018），人们也完全可以根据约定的研究对象分类而将之划在生物学而非经济学的研究领域。对此，第二章关于经济学定义的讨论可供参考。

第四节　循规蹈矩

如果说“好似理性”的思维使经济学家对某些“非理性”现象的关注成为正当，那么还有一种看似难以被理性化的行为也引人关注，即“循规蹈矩”或“循规行为”（Rule-following Behaviour）。后者指不经“手段—目的”的权衡，唯按照某种既定的规则、规范、习惯、机制，乃至制度（作为一套系统性的规则）而行事，后者可以姑且称为“行为”或“选择”。在众多相关文献中（Heiner，1983；Langlois and Csontos，1993；Fehr and Schmidt，1999；Ostrom，2000；Vanberg，2012）等，此类行为被普遍视作一种反常之举，构成了对理性原则的反例。然而，如果借助前述对两层理性的区分，循规蹈矩行为实

际上也涉及罗宾斯所指的“经济方面”，因此能够被理性的“模具”所把握。称循规为“非理性”虽然也不错，但其成立仅相对于某种特定版本的、经过窄化的目标与约束而言，如此前多次提到的主流经济学关于行为的若干假设。

实际上，既然经济学作为一种关于理性选择的学说，如果希望经济学家解释某人为什么循规蹈矩，也只能从其目的与所受约束的角度考虑。特别地，当相关情景发生变化时，观察对象行为如何改变可以为理性化的解释提供契机。例如，当按照规则行事所获得的利益提高时，包括避免惩罚、简化决策过程，甚至是单纯地从循规行为自身中获得的心理满足如减少自身需要承担的责任等，人们的循规行为也相应增多，那么这时循规与否也就转变为一种常见的成本与收益考量，并无非理性之处（Vriend，1996；卡尼曼，2012）。相反，如果此时人们的循规行为未发生改变，即无论条件如何变化，人们总是继续遵循此前的规矩，那么这种规则、习惯等将作为无条件的、外生给定的约束条件，而在其支配下的行为自身也不再成为，实际上根本无须成为经济解释的对象，因为特定的、无条件的“规矩”，如道德义务、宗教戒律或文化禁忌等本身就对行为给出了解释。[①] 例如，无论食材价格的贵贱、烹饪技巧的优劣、对自身健康影响如何等，某人坚持食素的唯一原因是其宗教信仰，这当然可以作为一种特设性（Ad Hoc）的解释。但这既不构成，甚至也不需要一个可以推而广之、带有普遍意义的理论性解释，更无论一个基于经济学思维的解释。当然需要区别的是，这种无条件的、绝对被服从的规则、习惯的“形成”（Formation）历史本身却可能是某种理性或“好似”理性行为的结果，因此也能成为

① 据笔者看来，在现实中前一种有条件的循规行为更为多见，而无条件的循规似乎十分罕见，甚至更多的是作为一种假想性概念。后者类似康德所指的无条件的“绝对律令”（Categorical Imperative），又如阿马蒂亚·森提出的与本人自身效用无关的、非利己的“承诺”（Commitment）（Sen，1977，1985）。本书虽加以提及，但主要出于保持逻辑完整性的目的，而其现实性则高度可疑。本书第五章对此还有后续论述。

经济解释的对象。[①] 沿用上例，经济学可以为“食素何以成为对某种人群的一种戒律”来提供本专业视角的解释，如将饮食习惯同其居住的自然环境相联系，即使某人并不是有意识地做出相应权衡，甚至会否认如此的解释。[②] 尽管如此，仍需强调经济学始终对“某种人群因遵照规范而食素”的问题束手无策。甚至更严格地讲，后者其实已经不再成为问题，而是一种已经被特定的“规范”解释过了的现象而已！

此外还有以下三点需要进一步澄清：其一，有时为了某种目的，人们会面临着选择 A 规则，还是 B 规则，甚或其他规则[③]，或者如何创设、完善规则等问题。这种主动而为在本质上都关乎个人或群体层面的规则塑造。需要明确的是，这仅是主流经济学所考察的给定目的、权衡手段的通常意义上的理性行为的一种，而并非本节所指的循规蹈矩。例如，名著《罗伯特议事规则》的首位作者、美国将军亨利·罗伯特曾明确指出，“议事规则”是一门能够显著提高效率的学问（罗伯特，2015）；对经济学家更为熟悉的是，新制度学派主要代表人物道格拉斯·诺思则强调，作为一套正式或非正式的行为规范，“制度”的主要功能在于便利信息处理、降低交易成本、减少不确定性，以至于约束其个体成员而实现“委托人”（Principals）的财富或效用最大化（North，1981，1991）。总之，如果选择、设计规则或制度是为了更好地达成某种给定目标，那么对这种理性行为的分析、解释，自然也可以落入经济学的考察范围。其二，群体中的人的思维、认知方式也会受到诸多规范性因素的影响，但

---

① 值得指出的是，提出“辉格解释”一说的著名英国学者巴特菲尔德也曾指出，历史学家只应研究作为历史产物的、处于发展变化之中的道德现象。如果后者具有某种不变的绝对性，便不在历史研究的范围之内了（巴特菲尔德，2012）。这同经济学对规范、规则的研究与“搁置”可谓异曲而同工。

② 例如，以人类学家列维-斯特劳斯为代表的结构主义者认为，图腾制度等常见规范的建立主要出于区分社会体系的需要，但这种动机又往往源自被深深隐藏的无意识之中，当事人乃至“局外人”并不知情（列维-斯特劳斯，2012）。

③ 对规则的选择也包含选择加入或退出遵循某类规则的团体，如公司、党派、宗教等。

又常常日用不知、习而不察。就此，一个颇为普遍的情形是，公众的行为、思想、心理等会不自觉地被特定的“时代精神”或“意识形态”等隐居幕后的规则所塑造。例如，诺思曾洞察到，如果将意识形态也看作一套思维规则与定势，那么遵循意识形态的指引也是一种简化思考和决策过程的节省之法（North，1981）。另一个主要发生于知识界的情形是，某时某地的科学家群体（无论自然科学家还是社会科学研究者）也会不知不觉地遵循某种规则。例如，福柯（2016）提出的著名的“知识型”（Episteme）概念，便指向了某种隐匿在思维深处的、绵延数世纪之久的关于知识生产和传播的习惯。[①] 相对而言，库恩所谓的“范式”（Paradigm）虽然较为易见，但也往往为相关的科学共同体成员提供了一系列隐性的或心照不宣的规则，如传承、维护共同体内的共识，并排斥共同体之外的所谓异端或门外汉。总之，按照上节的讨论，经济学对循规行为的考察并不要求行动者对其所循之规有明确的认知，而是“好似”知晓即可，因此以上思维层面的诸多规范既会影响经济行为，也可能作为经济解释的对象。其三，习俗、规范一旦形成，也会反过来影响相关人群的心智水平、精神状态、文化特质、心理结构等的塑造过程。就此，如果按照理性原则的逻辑可以表达为：即使当相应的奖惩措施不复存在时，习俗、规范还会大致继续作为一种习惯影响相关人的最大化目标与约束条件（如安全感、归属感、审美取向等），进而左右其行为。特别地，这涉及以“循规蹈矩”来考察某些目标和行为约束，目标和行为约束不再作为“解释者”而是“被解释者”。有趣的是，一向关注群体规范与情感特征的人类学家可能更有发言权。例如，20世纪人类学泰斗列维-斯特劳斯在讨论图腾制度时就曾提示了族群规范对个人情感的作用，即“在唤起内在情感之前，习俗是作为外在规范

① 实际上，很少有人，即使是一流的科学家，能对其所属的知识型进行有意识的考察与反思。例如，现代的天文学家，无论其水平高下，都会在不经意间不再严肃地对待诸如“天有足乎”等古人之问。在某种程度上，后者可谓源自基于“相似性”的古典知识型。

被给予的，这些非感性的规范不仅决定着个体的情感，也决定着这些情感可能或必须得到呈现的环境”，并且当“本身无动于衷的习俗遭到破坏的时候”，这种情感就会被焕发出来（列维-斯特劳斯，2012）。限于本节主题，笔者对此不再做详论，但本书第五章、第六章将会继续对有关最大化目标和约束条件如何形成的讨论。

第五节　经济规律

沿着学术研究的一般思路，上述种种的“理性化”的努力，都会归于形成“理论”。关于理论的特性，波普尔曾指出，社会学（也可泛指社会科学）之所以是一门理论学科，是因为它借助理论或普遍规律来解释和预测各种事件（波普尔，1998）。由此不难推知，在理性原则之下，作为拥有理论体系的经济学也不能仅止步于“就事论事”“一事一例”的说明，而是需要援用某种带有时空普遍性的通则，即经济规律（Economic Laws）来解释某个具体呈现的经济现象。因此，可能对于大多数经济学家而言，经济活动或经济现象的规律性是毋庸置疑的，这也基本等价于其学科存在的正当性。而且，就其学理分析而言，经济学研究的中心任务就在于认识、发现这种被认为既是客观（主要指独立于个体的认知与行为）又通过人类实践表现出来的规律；而在这门学科被应用于现实世界时，经济学家千差万别的政策建议与告诫似乎也可以归结为一句话，即“按经济规律办事!”这在中文的相关语境下尤其普遍。

大略来说，这种为纷繁芜杂的经济现象寻找规律的动机其来有自。在很大程度上，经济规律的概念与斯密等早期作家所指的经济生活的“自然秩序”（Natural Order）相近。这位启蒙思想家在其大名鼎鼎的《国富论》的开篇，

也提出了第一条、可能也是最重要的通则，即经济发展水平有赖于分工程度，而后者又取决于市场规模。从这一渊源来看，斯密以来的现代经济学也正是以探寻隐匿在经济活动背后，但又时时处处发挥作用的规律开始的（杨春学，1998）。在经济学尚未完全脱离其古典形态之时，马歇尔在其经典教材中也开辟专章对这一概念加以讨论。这位新古典经济学的创建者认为，社会和经济的规律相当于较为复杂和较不精确的自然科学的规律，并指出“经济规律”同一般的“社会规律”大同小异，都是一种对“倾向”（Tendencies）的“叙述”（Statement），而其差异则主要在于前者通常可以被货币衡量（马歇尔，2009）。当然，限于主题，笔者在此节的重点并不在于考察经济规律这一概念的历史谱系，而是旨在将之同理性原则相联系，进而提供关于经济规律的一种新视角。

从本书关于经济学的第一原理论述可见，既然“凡行为，必理性”的经济规律在本质上无外乎关于驱动行为的理性的规律，或者更明确地讲，是关于行为的最大化目标和约束条件的规律。因此，一切经济研究的对象均已被嵌入由目的和手段所组建的结构之中，甚至如前述的这种研究对象正是由此形成，这可谓第一层面的经济“规律”。但对于经济学家而言，这种规律无须寻找，而是事先规定的经济学的基本逻辑或通用语法，亦是一种因为先验而获得的普遍必然形式。这类似于自然科学家在研究之前便将“因果性”“齐一律”注入其一切的研究对象之中。掌握了这种所谓“规律”，或者更确定地说是“规律的规律”，并未增加任何新知，但又为开启认知提供了必要的前提准备。

不难理解，大多数情况下所谓的经济规律并非指上述的先验逻辑，而是发生在经验层面，即由于作为经济解释对象的人类活动，都是在理性原则支配之下展开的，只要理性两要素——目标和约束条件的经验对应物不变，其支配下的行为不仅在现实层面，而且也在逻辑上不可能发生改变（故无必要寻找“反例”）。如果前者大致呈现出某种可以推广到观察事例或样本之外的趋势，则相应的行为、现象也会归于马歇尔所指的带有某种规律性的，但又“较不精确的”或然“倾向”。换言之，此类行为、现象不再是特定的个案，而成为某种普遍经济规律作用之下的具体呈现，因此也得以从经济理论的层面被解释，乃至预测。[①]

综观经济研究的实践，这种规律大体来自于基于假设的逻辑推导和基于数据（主要来自实际经济活动或实验）的定量分析的结合。例如，物质资本的积累可以促进经济增长、货币投放往往导致通货膨胀、受教育水平能够提高劳动生产率等。凡此种种，不一而足。鉴于经济学家对此并不陌生，甚至可谓如数家珍，所以对各种被“发现”的经济规律不必再行罗列和申述。不过，需要倍加注意的是，各种关于理性经验内容的规律往往并不直接表现在个体的由其目标与约束条件规定的行为之上，而是在后者的或直接或间接的推理之中，故而时常隐而难见。例如，作为宏观经济学中最惹眼的议题之一，“菲利普斯曲线”（Phillips Curve）在经验层面刻画了货币工资变动率和失业率之间的反向关系。[②] 这种较不精确的“规律性现象”，尽管表面上与相关各方的目标和约束条件无直接关联，既未从此出发、也未以此落脚，但实质上仍旧可以还原为有关后者理性行为的规律。简言之，如果没有理性的雇员和雇主个体则不会有此曲线或关系。例如，按照狭义的主流假设，前者最大化收入或消费，后者最大化利润。值得注意的是，这种对规律的朝向个体经济人（通常是消费者、家庭或企业）层面的还原，也正是为宏观现象提供“微观基础”（Micro-foundation）的过程。后者成为现代经济增长、商业周期，以及国际贸易学等诸多领

① 在此认识的基础上，不妨再来看前文提及的赫克曼的论述，即为什么当现在和过去出现相似性时，问题就得以“解决”（林毅夫，2012）。对其的简单回答是：因为在不同时空中找到了相似的理性的经验内容，因此也便可以“集点成线”，发现其中的普遍的行为规律，然后再据此解释、预测并改进其中的问题。

② 此处为菲利普斯讨论的最原初的形式（Phillips，1958），而经过萨缪尔森等的阐释，今天这一曲线往往指向通货膨胀率和失业率的关系。

域的主要理论任务之一。

第六节　必然性与自由

对于规律，普遍必然性属于题中应有之义。然而就刻画人类行为的经济规律而言，这种必然性又需要辩证地理解，并且也难以避免地同不必然的“自由”相联系。

从必然性看，按照理性原则的逻辑，如果支配行为的理性经验内容没有改变，那么其结果也将必然如是。这似乎不证自明，而其后果却往往出人所料。就此，我们不妨拓展视域，来看可能是古今构思最为宏大的哲学家黑格尔关于历史规律必然性的脍炙人口的论断，即人类从历史中学到的唯一教训就是没有从历史中吸取任何教训。按照前文的论述，假如目标与手段的经验对应物未变，即使充分了解各种历史教训，哪怕是发生在不远的“殷鉴”，也不能避免前车之覆。这正是“规律”之为“规律”的特征，或者说是其普遍必然性的一种呈现。因此面对规律，往往明知结局不妙也难以逃避。① 此间道理当然也适用于更“窄”的经济活动。例如，即使人们对以往金融危机的形成机制有了深入理解，并总结出若干教训，但只要相关人士，包括金融从业者、监管机构、一般公众投资人等仍为私利（取其狭义）所驱使，危机总是难以避免的。这便是规律，或者更准确地说是呈现规律性的理性的经验内

① 就此还可参阅芭芭拉·塔奇曼所著的《愚政进行曲》。通过对特洛伊战争中的“木马屠城”、文艺复兴时期的教皇施政、英国失去北美殖民地，以及美国卷入越南战争等历史的细致梳理，这位杰出的美国历史学家指出，哪怕成败的道理并不难懂，但人类确实很少从历史中吸取教训，而经常是一蠢再蠢。实际上，历史经验常常如“船尾的微光”，只能照亮身后的波浪（塔奇曼，2016）。

容使然!

经济规律又不具有严格的必然性，究其原因，大略有三：其一，同其他经验性科学类似，这种由后天经验而确立的规律并非来自“演绎”，而是源于“归纳”，因此也始终受制于休谟提出的著名的“归纳问题”（Problem of Induction）。这使所谓的规律仅能够被视作参照目前信息所得出的最可能结果或最佳解释。举一个一般化的例子，此例又主要因波普尔的论说而被广泛援用（Blaug，1992）：即使人们看到了 1 万只天鹅是白色的，也不能断定看到的第 1 万零 1 只必然是白色的。然而可能被误解的是，如果在没有观察到反例（亦即被证伪）的情况下，“天鹅是白色”的这一论断可以被接受，也是在概率上最可能出现的结果①。据此猜测下一只尚未见到的天鹅仍旧是白色的，即使后来发现与事实不符，也在其逻辑推理层面是合理的；相反，若无其他新信息，在此种情形下猜测下一只是黑色的，即使发现与事实相符，也是不合理的。因此，“天鹅是白色”的这一规律以及据此的预测既可说是合理的，又可以说是或然的，这一特性得自于归纳逻辑本身。实际上，绝对的必然只能通过自明的公理、定义或约定及相关演绎而来，即将“白色”列为天鹅这一物种的一个非有不可的本质属性（就如根据定义，三角形必有三个角一样），而黑色或其他颜色的“天鹅”只能被命作他名!②

其二，与其他经验性的自然科学不同的是，经济学等社会科学门类的精确性又是等而下之的。一般而言，社会现象纷繁复杂且相互作用，难以通过诸如物理、化学中的较为严格且可控的实验加以“复现”。尽管各类日新月异的计量分析工具对此虽有改进，特别是当能够在现实经济活动中发现所谓的“自

① 尽管按照贝叶斯统计的分析，这种概率并非百分之百。

② 有鉴于这种合理但又不是必然的特性，在各类基于所谓经济规律或理论框架而做出的预测中，不能仅通过其结果判断正误优劣，而应考察其中的逻辑理据。不幸的是，如此错误在现实中并不罕见，特别是各种偶尔说中的关于未来经济形势的“瞎猜”往往被誉为妙算，但其背后的理由却被忽视，而此前更多的误判也被无意遗忘或有意遮掩!

然实验”或“准实验”（Meyer，1995），但还都不是根本性的，况且能够明确建立变量间因果关系的实验契机也十分难得。例如，上节提及的“菲利普斯曲线”仅是在陈述一种大致趋势，即在通常情况下，一国的工资变动率上升会与失业率下降相伴，反之亦然。这便构成了在某种“置信区间”之内会发生的规律性经济现象，具有一定普遍性但又不乏例外。特别地，其他诸多的影响工资和失业的因素，以及两者的因果关系等都有待讨论和验证。并且可能更为重要的是，这一现象即使被某地某时的数据所支持，也难以将之自动地用作他处。此外，近年来蓬勃发展的“实验经济学”对于探索更为精确的经济规律虽也大有裨益，但仍旧存在许多局限。特别是相关参与对象和奖惩机制往往都较为偏狭，因而其可外推性这一构成规律的核心要素始终饱受争议。总之，这种“经济或社会规律较为粗糙”的观点并不新颖，而且似乎也被普遍接受。鉴于此，笔者在此不再赘述，但还是强调：从理性原则的视角来看，这种不精确性同理性的形式或结构（约束条件下的最大化）无关，而同其经验内容相关。显然，刻画行为的目标和约束条件因人而异、因时而变，所以其表现的“规律”就不可能做到严格和稳定。特别地，从行为的内在驱动来看，这种特性最终可以归因于人的“自由意志”（Free Will）。

其三，作为人类行为、特别是理性选择的逻辑起点（Mises，1949），自由意志构成了经济规律中存在不必然性的一种更为根本的原因。需要注意的是，对于经济研究而言，尽管无论何种“经验材料”都会在“事后”（ex post）被“手段—目的”理性的思维框架所把握，但这是出于解释、理解的需要，并非意味着剥脱了行为者“事前”（ex ante）的选择自由。当然，有时出于预测或推演的需要，研究者会在“事前”对行为目标与约束做出预设，但这仅是研究者依照此前经验的假想而已，并不表明必然地被如此决定。作为经济学研究基本单位的“经济能动者”（Economic Agent），在一定程度上具有行动的自由，即自设目标甚至约束，并且以此实现对规律必然性，乃至历史决定论的超越。[①] 进而言之，一切经济规律最终是由人类实践来展现的。因此，理性人（自由人）对其不是单纯地被动接受，也不可能通过客观的外部观察、归纳而加以“一劳永逸”地掌握。相反，理性人将必然地参与其中，成为规律展现与塑造的鲜活载体。由此也可推知，此处的规律是理性人在物质和精神生活两个层面发展变化，甚至是主动谋求的结果。前者涉及技术、资源、自然条件等，后者则关乎观念、审美、修辞等（见本书第四章）。从这个意义上讲，经济规律（也可指更为一般的历史、社会规律）同自然规律的差异绝不限于精确性、稳定性，以及可控条件等具体方面，而是有着更为本质的殊异。经济规律不仅有待“发现”，也有待“建构”“维护”“干预”，乃至“打破”。因而也可说这种规律与经济能动者的实践处于持续的互动之中。就此，关于经济、历史的各种“自我实现”和“自我否定”的预言，也包括相关学说提出者在其中的主动参与，古今中外都不乏其例（波普尔，1998）。这种互动性使所谓的认识经济规律，乃至对经济活动进行预测都异常困难，甚至在逻辑上都难成立（Sen et al.，1986）。相对而言，自然规律对于人类则主要发挥着单向性的影响。例如，科学家即使能够创生新的物质元素，却并不能创造新的自然规律。如果说科研工作也蕴含了所谓“主观能动性”，这也仅体现为对自在自存的物理、化学规律的发现、认识与运用等方面。

上述对经济规律的辩证解析使人们对经济学家时常念及的口号——“按经济规律办事”有了新的理解。实质上，这一核心性的主张意在呼吁对经济能动者现有的最大化目标和约束条件，即理性经验内容的尊重。这种“尊重”

---

① 实际上，“Economic Agent”——常译作“经济主体”，指消费者、厂商、政府等经济活动的主体。而“Agent”一词的英文原意为做出行动，从而引发某种结果之人。显然，其本质特征是其“能动性”。此外，从康德哲学的观点也可得出，无论人“为自然立法”还是“为自己立法”，人的意志自由是理性的题中之义，但这一自由又合乎于“法”。

同经济学改造世界、实现富国裕民的学科目标往往存在逻辑上的矛盾，因为现有的经济规律并不能保证实现这一目标。例如，被著名经济史家金德尔伯格（Kindleberger）称作人类社会"顽疾"（Hardy Perennial）的金融危机是规律使然，又如何解释"按照相应规律办事"呢？因此，这种"尊重"是相对且有条件的，而作为旨在改造世界的实用性政策之学，经济学的任务更在于打破某种标准之下"不合意"的旧规律、塑造"合意"的新规律。进一步从学理上讲，对各种规律的形成、发展、冲突、迭代、消退过程的探寻，应当成为或者已经成为（但又常在无意识中）经济学，特别是经济思想史研究的重要议题。

在结束本节之前还有一则警示，即这种自由也意味着经济主体并非仅受到规律"摆布"，而且还应对各种规律和受其支配的经济活动负有不可推卸的责任。特别地，如果选择了市场经济体制，也就是选择了相应的经济规律并承担其后果，这包括市场经济条件下的一般行为模式乃至其背后的价值取向等。例如，私营企业主要是通过价格信号安排调配其生产经营、投资融资等活动，以实现利润最大化。就此，萨特的名言似乎颇为贴切，即"人是注定要受自由之苦的！"人因有不可逃避的自由故而要不断做出选择，所以理应为其选择负责。

第七节　语义澄清

从广义的、纯粹抽象的形态来看，尽管本书所指的"理性"不同于日常语言中的常见用法和含义，但此处的研究主旨并不在于纠正语词，而是希望通过辨析先验与经验两层理性，澄清其所指，特别是在相关讨论出现分歧时，明晰各方的观点与异同。当人们听到主流经济学中的所谓“理性人”假设，应当知晓这是一种有其具体经验内容的理性形式，如在资源、技术约束条件下的追求利润最大化行为；又如“理性预期”则常常简化了行为者在信息、推理能力等方面的约束。而非主流学派，尤其是行为经济学家所谓的“非理性”，则是与某种关于目标和约束具体假设相对照后产生的“偏差”。显然，这并不能被理解为此类行为无法用任何的“手段—目的”理性的视角加以解释。然而不幸的是，无论是在相关领域之内还是之外，这种误解或至少是含混不清颇为常见。例如，著名行为经济学家丹·艾瑞里曾呼吁要终结“理性经济学”(Rational Economics)(Ariely, 2009)。[①] 通过笔者的分析可知，如果这种“理性”是抽象的先验理性，则“理性”对于“经济学”也类似于“三个角”对于“三角形”这样不可撼动的“定义属性”(Definitional Feature)。如此，艾瑞里的主张也无异于终结整个经济学，显然这不是其本意。所以，此处的“理性”仅指理性的某种经验对应物方才有意义，而所谓“终结”也无非是用理性模型的某种经验版本，如考虑了更多“反常”的行为因素来代替另一种版本罢了。根据不同情景，经济学家尽可以宣告一类理性人死亡。与此同时，只要他们还在从事其职业，那么另一类理性人也旋即诞生！如此一来，对于经济学家而言，更严格的表述可能是：理性人根本不会死亡，而只是经常变换面貌！例如，塞勒（2000）聚焦有情感、会冲动、常犯错的“智人”，以及著名英国学者科利尔（2020）提出的旨在拯救资本主义的“理性社会人”等都可归于此种生生不息的转换。如果经济学家认为能彻底超脱关于理性人的“接力”，则实在是出于对自己职业特性茫然无知而起！

进一步放宽视野，人们对“理性”概念的使用、讨论，及其引发的“麻烦”自然远远超出经济学的局限。实际上，至少自近代以来，对“理性”的

① 类似地，科姆洛什也宣称“经济人已经灭绝”（科姆洛什，2022）。这只能以狭义的理性行为假设为参照才能成为可能。

颂扬拥抱与怀疑批判始终相随相伴，而其间显露的张力也在很大程度上构成了由西方开启的现代化场景的思想主线。尽管其中“理性”的含义不同、用法各异（另见前章），但对之也形成了一种较为普遍的理解。有时对“理性”的崇尚也被归结为某种“理性主义”（Rationalism），即强调有效地、符合逻辑地运用可能的手段达到某种给定目的的能力，此间的“目的”一般也被理解为常识意义上的个人幸福或人类福祉。① 相应地，所谓的“非理性主义”（Irrationalism）也多指通过对人类情感、意志、欲望、体验、信仰的彰显以摆脱上述理性的拘囿，进而实现人的自由。笔者不一定需要借助叔本华、尼采、萨特等深刻但不免晦涩的哲学文本才能一探究竟。② 这里不妨求诸文学：例如，伟大的俄国作家陀思妥耶夫斯基在其名著《地下室手记》中刻画了一个对“理性”深恶痛绝的形象（陀思妥耶夫斯基，2015）。作为故事的主人公，一位居住在地下室的退休公务员希望通过做出对自己有害的蠢事，为此仅用来表明自己有权如此（见本章开篇的引文）。这位“地下室人”甚至试图摆脱“二加二等于四”这一逻辑的束缚，该逻辑也被其称为“死亡的开始”，以便从“二加二等于五”的错误中获得“人之所以称之为人”的尊严与快乐。

上述的理性与反理性（或非理性）之间的矛盾可能使读者心生疑窦。就此不妨做出以下澄清：本书对“理性”，特别是经济学中理性的关注，既不表示笔者认同某种形式的“理性主义”及其价值意涵，更不主张其他经济学家应服膺于此。需要注意的是，在某种意义上，经济学这门学科的诞生，从其作为“家计管理”开始，本身就是某种理性主义的产物，并随着18世纪后半叶以来工业化—现代化社会的兴起而终成“显学”。这种崇尚理性、效率、实

① 值得指出的是，奥地利经济学派大师哈耶克还批判了由某种集中化的权力对经济运行秩序进行计算、设计的理念。这也被其称为“超级理性主义”（哈耶克，2012）。显然，这也同本书所指的“理性”不同。

② 例如，叔本华的唯意志论与悲观哲学、尼采基于“酒神”与“日神”相结合的悲剧理论、萨特做出的“存在先于本质”的著名论断都蕴含了对理性的批判，甚至是否定。

证、可量化、能通约的所谓“摩登时代”(Modern Time)存在诸多弊端，尤其如人的异化加剧、自由丧失等深层问题，也不可避免地反映在经济学这一“时代之学”中。[①] 如果人们在这种理性主义的基础上，批评经济学的偏狭，甚至贬低其作用，笔者则对此难置可否，甚至在后文多处还将表达与之密切相关的经济学在后现代社会中的黯淡转向。然而，如果人们在经济学之内，希冀摆脱任何形式的“理性”思维而达到对人类行为的理解，则不能不说是徒劳的。因为至少对于经济学而言，理性是其展开论证的前提，而非有待发现的真理。须知，即使“地下室人”这种对理性的强烈拒斥，也是有目的或至少好似有目的的行为，如对自由的渴望和彰显人作为主体所具有的尊严，这构成了理解、解释其行为的逻辑基础。甚至如前所述米塞斯所主张的，这是其“行为”被定义为“行为”的前提。最后，如果借用上文的萨特之喻，这一问题也可以理解为：我们尽可以说，由于对裁纸的需求减小，因此裁纸刀的作用也相应变弱。但如果在拿到一把裁纸刀后，批评其为什么具有裁纸这种可能在实际生活中越发罕用的功能，即为何被置于此种分工之下，则是非逻辑的，或者说是违背了此前在创制这种工具时的“约定”。

---

① 这种理性至上精神，已经远远超越经济学的理论思维，而且渗透到社会生产生活与组织管理的方方面面。例如，基于韦伯关于工具理性与价值理性的学说，美国著名社会学家里茨尔对当代社会的“麦当劳化”进行了深入批判，特别指出了其中所蕴含的“合理性中的不合理性”(里茨尔，1999)。另外，较早的泰勒的科学管理与福特的生产程序也都是此类时代精神的呈现。就此还可参阅本书结语部分。

第四章 “应该”意味着“能够”

“非知之艰，行之惟艰。”（《尚书·说命中》）

“哲学家们只是用不同的方式解释世界，问题在于改变世界。”（马克思《关于费尔巴哈的提纲》）

“这个集子也许可以题名‘预言与劝说集’，因为不幸的是，比较有成就的还是预言，而不是劝说。”（凯恩斯《劝说集》）

在揭示经济解释必然以理性原则为前提基础这一本质特征之后，笔者将继续在第四至第六章展示这一论断的丰富意涵或者说如此认识所带来的各样重要“后果”（Implications）。实际上，这才是经济哲学批判的主要意义，也是笔者更希望对读者表达、阐释的核心内容。尽管此前的论述因需要澄清诸多顽固的误解而不得不占据较大的篇幅。从这一意义上讲，这种安排或许正应了莎士比亚的名言：“凡是过往，皆为序章！”

第一节　从能力到责任

本章所指的经济学的职责、用途或“应为”（Ought to Do）是受到较多关注但饱受争议的问题。然而，同样由于没有抓住经济学中的理性原则，因此近年来相关讨论也可谓是贫困的方法论反思的“重灾区”。概言之，这种“应为”可以分为两个层面：在较抽象的理论中，这一学科描述、解释人类在生产—消费循环或资源配置等活动，抑或其他拓展领域中的行为理性的规律；在实践或政策中，则对在上述活动中的政府、组织、家庭、个人等提供决策建议和分析评估框架。

需要指出的是，长久以来，不同于文学、史学、哲学、艺术等门类，经济学往往被赋予了更为直接的实用职责。例如，亚当·斯密在《国富论》中就明确宣称这一学科的目的就是“富国裕民”，即“给人民提供充足的收入或生计”和“给国家或社会提供充分的收入，使公务得以进行”（斯密，1996）。在中文语境下，经济学有时被解读为“经世济民”之学。相应地，经济学家常被期许扮演“社会医生”的角色，为各种经济病痛问诊开方。令人遗憾的是，此类表达虽然意图美好、立意崇高，但却没有将经济学的“应为”同其分析框架所规定的“界限”，即经济学的“能为”（Can Do）相联系。此处不妨借用康德关于道德义务著名论断，“应该意味着能够”（Ought Implies Can）。毋庸置疑，经济学从其诞生之初，就是一门旨在增进人类经济福祉（主要是同产品和服务相关）的致用之学，其最终目的显然不在于满足好奇心或实现某种审美愉悦等精神层面的追求。然而，经济学的现实功用仅能够在其作为一种广义的理性选择学说的范围内得以发挥，因而也只能在该范围内承担责

任。正如对于一个身心正常的成年人，我们尽可以要求他自理生活，但不能苛责他为什么不会飞翔一样！特别地，对于经济学的政策应用而言，这种由“界说”而“定责”尤其重要。一方面，实现“经世济民”远非经济学一己之力所能为，而需要多种学科的交流合作。试图通过建立某种经济学的理论框架、模型工具，以及延伸出的政策方案等，就能够立竿见影地解决，甚至彻底终结某种经济问题的想法完全是一种无视自身能力的自负，如预测金融危机、防止经济衰退、实现互利贸易、改善收入分配等。如富尔卡德等（Fourcade et al.，2015）警告的，这种自负堪称足以使经济学巨人轰然倒地的“阿喀琉斯之踵”！①

另一方面，认清这种自身的局限性实际上对经济学家自身也大有裨益，甚至可谓对之提供了一种保护。试想如果“世不经、民不济”，有限的“沉闷科学”自然也难以承担超过其能力所及的责任。寄希望于高明的经济学家开出某种“灵丹妙药”是不切实际的，尤其是在经济困顿时期，公众会对经济学家产生普遍的敌意和反感。这在2008年危机过后尤为明显，也是一种缺乏根据的感情“错付”！当然，这种误解并非主要源于外部，而是来自经济学家对自身能力与责任的无意高估与有意包装。两者相比，至少从自我认知的视角看，“高估”可能是比“包装”更为严重的错误，因为后者毕竟还意味着是由自知之明而导致的心虚气短！不幸的是，在前文述及的后危机反思中，这种高估似乎更为常见，并且往往以一种极为隐蔽的形式遍布其间：相关论者大多集中批判主流经济学有何种缺陷，有时也提出改进途径，然而却往往聚焦于具体假设、方法和政策应用，根本无视统摄经济学各门派的更为基础性的底层局

① 当然，这种学科自负也非经济学独有。如多伊奇曾引述到，物理学家迈克尔逊在1894年即断言道：“‘物理科学最重要的基本规律和事实都已经被发现了……我们未来的发现必须在小数点后第六位上寻找’。”（多伊奇，2019）这同卢卡斯在2003年美国经济学年会的主席发言中，宣称“防止经济衰退”这一宏观经济学的中心问题早已解决可谓异曲同工（Lucas，2003）！就此，如果援用黑格尔的概念，这可以被视作不同学科、特定方面的“历史终结论”。

限。尽管笔者并不否定这种表层批判的价值，但这看似谦卑的“自责”实际上却包含了致命的自负。仿佛只要经济学足够高明，特别是模型足够“现实”，就可以对相应的社会经济问题“药到病除”。值得一提的是，这在近年来的相关教材、课程改革中显露得尤其明显，似乎他们不是在撰写经济学的教科书，而是在编纂能解决一切人类悲苦的福音书或“神学大全”（Bowles and Carlin，2020；科姆洛什，2022）！不难想见，如此一来也为经济学家担负上了难以承受的重任，并通过教学代代相传。

在具体展开关于经济学如何认识世界、改造世界的讨论之前，笔者认为有必要简单就何谓“理论”略作澄清。实际上，“理论”作为一种体系化的思维，笔者大抵持有一种实用主义或工具主义的观点，即将其视作一种安排、组织经验材料的工具。就此，蒯因的观点也颇具启发：不同理论或概念框架在本质上并无必然的正误与高下之别——即使是公认的最具科学性的物理学与荷马笔下曼妙离奇的希腊神话。特别地，科学理论与神话等思维体系的有效性或者优劣也难以通过其对客观实在的“仿真”程度（或前述的“现实性”）来评价，而应关注两者在多大程度上实现了其在构造之先就被赋予的目的，如交流、理解与预测（蒯因，1987）。

基于这种认识，经济学理论自然也应从其事先给定的目标用途加以理解、评判。毋庸置疑，无论是从其家庭管理学还是富国裕民术的渊源看，这一学科的用途无外乎通过认识与改造世界，以增进经济福祉。其中，经济学的“有用性”又以“改造世界”为最终的落脚点，而其发展路径也应朝向这种功用与职责。如前文所述，无论其有何种“应为”，也只能在其作为理性选择学说的能力限度之内加以发挥。

第二节 拓展认知

具体而言，在理论层面，经济学的主要职责在于将更多现象纳入约束条件下效用最大化的分析框架，并以此形成抽象化——因而也具有了普遍性——的描述与解释，进而拓展了对其研究对象的认知。这种理论上的发展首先发生在经济学传统领域之内，主要表现为对关键经济变量的“内生化”努力。例如，在20世纪50年代，Solow和Swan（1956）提出了基于新古典范式的经济增长模型（Solow-Swan Model）。其中，“技术进步”“储蓄率”“人口增速”等经济增长的主要动力被设定为外生变量。在本书的语境下，此处的所谓“外生”则可理解为上述变量在相关研究中不是由市场主体可辨明的理性行为所导致，而是直接给定用于解释他物而不是被他物所解释。在很大程度上，由于对新古典模型这种“增长由外生变量驱动”的理论缺陷存有不满，约自20世纪80年代起，经由卢卡斯、保罗·罗默（Paul Romer）、巴罗（Barro）、阿吉翁（Aghion）等的发展，形成了所谓的“内生经济增长”理论。后者在本质上是将上述变量还原为市场主体的理性选择，特别是消费最大化和利润最大化行为的结果，以此也实现了技术进步、储蓄率等经济增长决定因素的“内生化”（Endogenization）（Barro and Sala-i-Martin，2004）。实际上，类似将外生变量内生化的过程，也是“边际革命”以来经济理论发展的主要进路。例如，除经济增长外，这还体现在“内生市场结构”（Horstmann and Markusen，1992）、“内生比较优势”（Clarida and Findlay，1992），以及“内生货币供给”（Moore，1988）等诸多理论模型的演进之中。一方面，这种理论方向使人们借助经济学的思维方式，获得了对各种个体行为与社会现象的新认知或思想把握，因而值得高度肯定。另一方面，对之也应保持警惕：在某种程度上，此类通过若干行为假设而演绎出的“内生化”的研究思路，还源自于下列动机，即经济学家（当然也包括其他社科门类的学者）一向不甘于将事物背后的决定因素归之于外生的、偶然变量，否则会凸显其“无知”与“无用”。正如经济学家经常说的“某事发生不是偶然的”，并紧随其后展开关于某种必然性、规律性的论证。这一普遍的职业话术及其背后的治学心理也会使对经济变量内生化的努力遭到扭曲。在许多情况下，笔者很难辨识它是基于对研究对象认识的加深而实现的“解释的延伸”，即多伊奇（2019）所指的科学的主要任务，还是重在自娱自乐的数学游戏或者“为理论而理论”的黑板经济学成果。

其次，与上述思路密切相关的是，同样从一定的假设前提出发，经济学家还可以推导出若干经济变量之间的难以显见的关系，进而在理论、逻辑层面获得新知。例如，借助若干比较成本、贸易模式等方面的假设，李嘉图（2014）通过精妙的推导（尽管现在来看尚显粗略），即使一国在诸多产品上的生产成本均高于外国，但两国间仍旧可以通过基于“比较优势”的分工与贸易来实现互惠，即获得比无贸易时更多的消费品。与大多数经济学老生常谈式的“发现”不同，由于这一结论可能超乎直觉和常识①，又仅基于给定假设的推导而来，因此也是经济学家在彰显其有用性时所津津乐道的案例。此外，在前述的索洛等开创的新古典增长理论中，在资本、劳动力等生产要素边际报酬递减的假定之下，无论其是否“内生”，经济增长的长期、可持续的源泉主要得自技术进步（后者常以“全要素生产率”衡量）。这无疑是经济学对于理解人类长时段经济活动，特别是其积累效应的重要洞见（Barro and Sala-i-Martin,

① 就此，斯密的“绝对比较优势”或贸易旨在“互通有无”的论点可能更加符合常识。此外，具有讽刺意味的是，著名韩国经济学家张夏准（Chang Ha-Joon）曾说，95%的经济学不过是术语包装下的常识，参阅 Rodrik（2015）。

2004）。当然，需要澄清的是，与以上的“内生化”努力类似，这种理论推演所直接呈现的无外乎其前提假设或定义的“后果”，只要逻辑自洽便正确无疑，而是否切实地帮助人们加深对真实经济活动的认知还存在疑问。推演的“新知”虽有学理上的意义，但终究是“重言式”逻辑的必然结果。我们之所以对其不知晓，可能仅因为其中繁多的“步骤”。当若干预设被给定时，相应结果也已经被暗含地给定了。经济学和纯数学推演不同，它则必须关乎经验世界。按照两重理性的论述，相关经济学的理论模型只有同经验材料（包括数据、案例等）相结合，才能产生有实际价值的经济解释、预测乃至政策建议。

再次，经济学理论的发展流变又表现为对传统的狭义理性人假设的突破。在此方面，近三四十年来颇受瞩目的“行为经济学”已经卓有贡献。这一相对新兴的学科（或跨学科综合体）在卡尼曼、特沃斯基、塞勒、艾瑞里等的领军之下，对一系列所谓“非理性”或“反常”行为进行了分析、解释，进而将主流经济学中的“理性人”拓展为具有复杂动机和约束的所谓“智人”（Kahneman and Tversky，1979；Thaler，2000；等等）。特别值得一提的是，自2008年以来，以金融市场中的非理性为主要研究对象的“行为金融学”备受追捧。其中，作为这一领域的重要开创者，诺贝尔经济学奖得主希勒（2016）对房地产、股票市场等存在的非理性行为进行了细致观察和理论总结，并从这一视角考察了资产泡沫，乃至系统性金融危机的形成机制，在相关文献的影响下，有关非理性在金融危机中的角色成为后危机时代经济学反思的一项关键议题（科姆洛什，2022）。如本书第三章所述，在很大程度上，这一研究领域所指称的“非理性”，可以被理解为对理性“经验内容”的修正扩展，或者说对理性“模具”内在“填充物”的创新。实际上，当研究者不仅报告若干“反常行为”的实验结果，而需要对之加以理论解释时，尽管“理性化”（Rationalization）的操作处理可能被行为学家有意识地拒斥，但还是必不可少的，甚至始终被无意识地采纳。例如，此处可以参考卡尼曼和特沃斯基提出的一个关于预期效用的实验构想（Kahneman and Tversky，1979）：若干名受试者被要求在两种方案中选择，即（A）100%确定地获得450元；（B）有50%概率获得1000元，50%概率一无所得。通过实验，研究者发现有某比例的人选择了违反预期效用最大化的第一种情况，即出现了某种行为“反常”。[①] 如果研究仅在呈现相关数字结果后旋即结束，则任何经济学意义上的解释与理解都尚未登场。显而易见，实验或观测的结果并不能解释其自身，甚至不能提出待解的问题，而据笔者浅识，在研究实践中也罕有经济学论文、专著以单纯报告某种实验或观测数据为终点。当然，卡尼曼、特沃斯基等确实也未止步于此，而是在相关发现的基础上，进一步引入了“确定性效应”（Certainty Effect）的概念。简言之，作为一种经验性的或然规律，后者指人们倾向于偏好具有确定性的结果，厌恶不确定的结果，因此往往会给予前者更高的效用权重。[②] 此时，选择A方案的行为又（或许隐秘地）在一个拓展了的理性选择逻辑框架中获得了解释，即考虑到上述对待风险的不同态度，这一表面上反常的行为仍旧可以理解为一种期望效用最大化行为，非严格地讲，肯定获得450元所对应的效用水平，超过了仅有一半概率获得1000元（否则一无所获）时的效用水平（卡尼曼，2012）。至此，这种“理性化”的分析过程也就是行为“悖论”的消解过程使经济学意义上的解释得以呈现。[③] 令人遗憾的是，行为经济学家也包括很

---

① 实际上，其实验是在不同选择组中进行，并通过比较各种结果以判断人的行为偏好是否一致。此处仅是其实验的简化版本，如果假设效用u是货币收益的简单的线性函数，则A选项的预期效用u（450）小于B的预期收益，即0.5u（1000）=u（500）。所以，仅在这一意义上讲，选择A不符合预期效用最大化原则，因而是“非理性”的。在本质上，卡尼曼等的实验来源于经济学诺贝尔奖得主法国学者阿莱提出的“阿莱悖论”（Allais，1953），后者最先揭示了选择偏好对“理性原则”的违背。

② 值得指出的是，“确定性效应”可被归于卡尼曼等提出的更加一般化的“展望理论”（Prospect Theory）之内。概而言之，根据该理论，人们对风险的态度同其参照状态有关：在面对收益时，往往厌恶风险；而在遭遇损失时，又常常乐于冒险。

③ 然而需要再次强调的是，此处的“理性化”仅为经济解释提供可能，而卡尼曼等的相关分析当然也可以被视作一种心理学的或其他学科的解释。实际上，即使在获得了诺贝尔经济学奖后，卡尼曼往往还是被称为心理学家，另见本书第二章。

多其提倡者与批评者，往往并不如此看待其所作所为！

最后，经济学的此种理论职责还体现在对其研究领域的不断冲撞与突破，如"经济学帝国主义"在本质上即属于这种扩展。经过多年的积累，其所涉内容甚广，从婚姻、语言、生育到歧视、犯罪、成瘾等，可谓包罗万象、无所局限。例如，贝克尔与墨菲等以稳定偏好为基础，从消费者合理安排各期消费量以实现效用最大化的视角指出，如果某类商品的往期消费能够增加当期消费带来的边际效用，即具有"相邻互补性"（Adjacent Complementarity），便会出现对此商品的成瘾行为。相关论述也被其概括为"理性成瘾论"（Theory of Rational Addictions）（Becker and Murphy，1988）。类似应用不可尽数，在此不做过多展开。然而也须承认，分析法的界限又使经济学自身的这种"帝国主义"式的扩张，尽管开始于诸多非传统的"经济现象"，但也止步于将上述研究对象还原、解释为某种约束条件下最大化的结果。至此，经济学又必须为心理学、社会学、伦理学、生物学等其他学科"让路"，或谓"让渡主权"，从而使其他学科独特的方法、视角、侧重、逻辑、工具等发挥作用。由此观之，经济学在"开疆拓土"之余也不可避免地，而且经常不知不觉地成为其他学科的"殖民地"。

在结束本节之前，还有必要提请读者注意的是，从"经济解释"的观点出发，此处所谓的"拓展认知"主要指逻辑上而非经验层面的拓展。这可以理解为越来越多的"未经整理的事实"被纳入理性选择的框架之内而后被解释，因此也可被视作一种"始于非理性，终于理性"或"始于无序，终于有序"的理论构建和理解过程。当然，对于经济学而言，认识世界固然重要，但似乎只是改造世界的预备工作。为此，以上理论逻辑的推演还需要同现实经验世界相结合，特别是要对后者产生影响。

第三节　改造世界

作为一种实用科学，经济学不是仅停留于“黑板”上的对自然的摹写与逻辑化建构，也并非不借助他人的“个人知识”或智力游戏（McCloskey，1998）。相反，这种本身就可视作实用主义产物的学科，需要在某种给定的价值评价坐标中，影响、助益现实决策，进而推动稀缺资源配置、市场分工与合作等经济事务的优化。正如此前提及的，这不仅是经济学有用性更为直接的表现形式和最终的落脚点，也是人们对经济学的主要期许所在，尽管可能不太成功（Frey，2006）。然而，经济学作为一种关于理性选择学说的性质也意味着，当且仅当有关决策者（如政府部门）的效用函数和（或）约束条件被经济学的理论、观念、建议改变时，这一学科才能发挥对决策的影响。如果承认经济学的上述性质，则这是一个必然的逻辑推论，而不是或然的经验性规律，亦非“应该如此”的价值判断。因为在经济学中，相关决策者的行为是由效用目标和约束所限定，如果两者皆不变，则行为也不可能发生改变。

认识及此，经济学在改造世界过程中的功用又可从以下两方面来理解，或者说借助两种途径实现：一是通过收集、整理、分析相关信息，构造了某种指标体系、估算了某个变量，或者通过计量回归确立变量之间的相关与因果关系等，使决策者发现、获知能够实现某种给定目的的和此前未知的最佳手段。这也等同于放松了理性决策者所受到的知识、信息等方面的约束，从而使可能的最优效用水平上升。二是规劝、说服相关的决策人，使决策人的效用目标及行为约束（主要除上述信息约束外，在价值取向、道德规范等方面的限定）发生有利于实现事先所设定的政策目标的改变。换言之，以上两种“有用”之途在本质上都

是在经验层面改变相关者的行为理性，即改变其最大化目标与约束条件（至少其一），进而使新的决策行为，也就是被新的目标与约束所定义的行为——朝向既定政策目标的实现。在一定程度上，如果接续前章所述，经济学如此发挥影响也意味着以相关政策目标为评判标准，对“经济规律”进行干预和改造。

具体而言，以上第一种功用可简略称为“放松信息约束”。该功用可能被多数经济学家所认同，因此笔者的观点也并非多么令人吃惊。实际上，由于不涉及或较少涉及相关决策者的目标和利益冲突，因此较易实现，这也是经济学的现实有用性的最常见、最受欢迎的表现形式。具体看来，这又表现在以下两点：一方面，包括各种统计测算、抽样调查、行为实验、指标构建、资料整理，以及实证分析等在内的“定量”研究，目前已成为应用经济学家最主要的工作内容，也是其同现实最直接的关联纽带。当然，这种经验信息的积累并不直接构成经济解释，更不能改造世界，而是为相关研究者和决策者提供新的参考资料或指标工具，并借此得以观察经济活动、研判决策重点、评价干预效果等。例如，在近年来备受瞩目的《二十一世纪资本论》中，法国学者皮凯蒂（2014）展示了对欧美等主要经济体财富及收入分配指标的估算，时间跨度长达数百年。无论其核算方法、数据来源、理论推导、机制分析和政策建议等是否合理，这一信息收集整理工作使相关讨论不再是一场旷日持久的“无数据之争”，这也成为该书最大的价值所在。另一方面，对于经济活动的机制安排（主要集中在微观层面），经济学的应用也较为广泛，这通常表现为借助行为假设和经验数据来求解某种最优化的“应用题”，并且通过实践反馈再加以调试、修正。例如，罗德里克曾举出通信频段许可权的拍卖体系设计①，以及城市公共交通的计价方式两个实例用以支持这种经济学的有用性（Rodrik，

① 值得一提的是，作为这一机制的主要设计者，美国斯坦福大学教授保罗·米尔格罗姆（Paul Milgrom）和其老师罗伯特·威尔逊（Robert Wilson）凭借相关的拍卖理论，共同获得了2020年诺贝尔经济学奖。相关研究可参阅米尔格罗姆（2020）。

2015）。总之，以上两种旨在“放松信息约束”的研究在本质上就是帮助相关决策者实现一个对应更高效用水平的选择，即更好实现其政策目标的选择。然而不无遗憾的是，由于对理性原则在经济学中的地位、作用的普遍忽视和误解，可能很少有人从放松约束的角度来看待这类贡献。

还应指出的是，或许作为一种代价，在上述有用性的实现过程中，经济学家的“自信”，甚或“自负”往往也表现得最为充分。在此类研究工作中，必然要假设“客户”（如政府、厂商等）在向经济学家征询之前，由于不知晓相关信息和最佳方案，因此向经济学家讨教，否则后续的服务就无从谈起。实际上，通过各种眼花缭乱的模型与计量分析，经济学家得出的结论或所谓“新发现”往往平淡无奇，甚至路人皆知。严酷的现实给这种求解“应用题”的机会可能越来越少。一方面，不难想见随着信息技术的突飞猛进，人工智能、大数据等工具方法将会轻而易举地取代经济学家这种单纯解题者的功用，这或许同近年来结构生物学在面对人工智能系统 AlphaFold 时的所遇类似，也可谓理性反噬自身的结果！另一方面，可能更为棘手的是，相关决策者（无论是个人、厂商，还是政府部门）通常对于其处境具有如经济学家或其他数据收集者这样的“局外人”难以达到的深度了解，加之其动机与约束也时常或有意或无意地隐匿不现。例如，施蒂格勒（2018）在谈及斯密对重商主义的批评时就显露了类似观点，他指出：“斯密和他的追随者应当自问的是，拥有诸如埃德蒙·伯克①这样的智者的一个阶级是否会在数百年里花费巨大代价去坚持一个简单的谬误。我诚惶诚恐地说，对重商主义的成本与效益认识有误的，更可能是斯密，而不是英格兰的贵族们。”（斯密，1996；布劳格，2018）然而面对这种问题，200 多年来经济学家则常常步其“祖师爷”的后尘，自认为比当事者更加清楚自身利害与处境，动辄赐教、开方。事实上，这在近年来关

① 埃德蒙·伯克（Edmund Burke）是与斯密同时代的英国政治家、思想家，常被视为英美保守主义之父。

于全球化的讨论中尤其明显。经济学家经常无视这一进程中的受损群体和分配问题，而一味强调自由贸易的互惠性并据此主张更多地开放，也因之一再“脱离群众”（科姆洛什，2022）。

相比之下，更具争议的、难度更大的可能在于第二种作为劝说术的经济学之用。这对很多将经济学视作依据严格逻辑与客观事实而展开的“硬科学”的人和在一定程度上也作为韦伯所指的“无灵魂的专家”来说，不仅令其费解，甚至难以接受：难道以数理推导和统计分析见长的现代“经济科学家”也需要或温情脉脉、或激昂慷慨地感动他人吗？然而如在下文中将要着重论述的，这正是以经济学改造世界的重要（甚至是最重要的）途径。当然这也意味着经济学不仅在作为一种观念体系的理论属性上，在其现实功用层面同来自于各种宗教信仰、神话寓言、道德学说、文艺作品等并无本质区别和高下之争，即便是从对经济表现的影响而言。据笔者看来，就其在实现劝谕、训诫、布道等功能中表现的生动性、感染力、思想深度，乃至发挥的实际影响而言，又似乎远逊于各类引人入胜、扣人心弦的历史故事、艺术创作，甚至是宗教诫谕。例如，在孔子谓颜回的“箪瓢陋巷”、孟子因“孺子将入于井”而阐发的“恻隐之心”、古希腊“木马屠城”悲剧中为警示民众而甘违神意的祭司拉奥孔、狄更斯在《双城记》中描写的为爱情慷慨赴死的青年卡顿，甚或惠能得顿悟与摩西受十诫等例中，人们往往能够得到更为深切、直接的道德启发与榜样感召，进而影响个人行为与社会实践。

第四节 劝说何以重要

作为一种影响他人行为的行为，“劝说”（Persuasion）不仅在文艺作品、道德说教，乃至宗教信仰中占据着重要一席，也曾是凯恩斯、施蒂格勒等经济学大师的关键研究主题。由于对理性原则的不解，他们基本上都未将之同理性选择相联系，因此不仅难以切中要害，而且不曾认识到经济学作为一种劝说术的角色，实是其解释方法的基本属性所决定。劝说是本职而非副业！例如，在本章开始的引语中，凯恩斯所表达的似乎更多的是一种“劝说太难”的无奈之情（凯恩斯，2016）。施蒂格勒虽然更进一步，明确指出了经济学家需要扮演“说教者”（Preacher）的角色，但又在讨论说教对象时提出了告诫，即“经济理论的特定逻辑需要这一指导方针：我们论述追求效用最大化的人们，同时又力劝人们不追求效用最大化，那将是自相矛盾的，也是徒劳无功的”（施蒂格勒，2018）。至少仅从此段表述看，施蒂格勒的观点并不清晰。如果“效用”指广义的目标，即上文所说的先天的、抽象的最大化目标，则笔者完全认同其论断。因为劝说人们不最大化“效用”（或代之以其他名词），就是在取消相关“行为”之为“行为”的本质特征，即目的性，使之成为“非行为”，进而将之排除在经济学可能的研究对象之外。接下来，施蒂格勒继续论述道：“如果我们可以劝说一位垄断者不追求利润最大化……，那么，我们的理论就变得不得要领。”（施蒂格勒，2018）这似乎又将“效用”等同于“利润”等特定的经验对象。进一步地，施蒂格勒以此主张经济学的说教对象不应是垄断者或其他个人，而应是政策与制度。但这并不能避免以下困难，即由于抽象的政策与制度最终由具体的决策者、立法者个体制定，因此劝说他们不最大化其选票或其他利益同劝说垄断者不最大化利润并无本质不同。完全没有理由认为对决策者的劝说有道理，而对垄断者的劝说便是“自相矛盾”和“徒劳无功”的。两种劝说，实为一种，都应是经济学家的任务，难度似乎也不相上下。此处，我们不必再纠结于施蒂格勒的真实用意，但根据本书关于理性原则的阐发，如果经济学家的说教不能改变其劝说对象的某种狭义的特定版本的“效用”，无论是此例中的利润还是选票，则相关决策或行为必然在逻辑上不会发生改变（为论述方便，此处暂不考虑约束条件）。换言之，经济学家作为说教者，主要通过影响相关决策者所欲最大化具体的经验目标，如自身的物质利益、选票、升迁等，从而影响现实决策。如果否定了这一机制，实出于对经济学作为理性选择学说的误解，也未领会“行为”的本质，进而也就在无意之中从逻辑上否定了这一学科对改进现实政策的有用性。

为深入阐明这一观点，在此不妨考虑一个最常见的博弈案例：“囚徒困境”（Prisoner's Dilemma）。其通常的形式如表 4-1 所示。

表 4-1 囚徒博弈（Ⅰ）：经典型

甲/乙	乙坦白	乙不坦白
甲坦白	A：甲、乙各领刑期 5 年	B：甲被释放；乙被判处刑期 7 年
甲不坦白	C：甲被判处刑期 7 年；乙被释放	D：甲、乙各领刑期 2 年

资料来源：笔者自制。

对于这样一个经典版本的理性囚徒而言，根据常见假设，其行为目标在于使自己的刑期越短越好，不顾及他人的刑期长短或其他因素。因此无论他人如何选择，“坦白”都是“占优策略”（Dominant Strategy），相应地也导致了表中 A 栏所示的结果，即甲、乙各领刑期 5 年。整体来看，囚徒各自的这种理性行为又显然未能达成对彼此而言的可能最优结果，即 D 栏甲乙两人都不坦白而各领刑期 2 年的情形。① 对此，经济学家该如何做才能使双方的选择引向这一所谓的“集体最优解”呢？如果我们不考虑多次博弈或第三人所产生的学习与惩罚等效应，仅就单次的两人博弈而言，那么这一困境最主要的解决方法在于改变囚徒的效用函数，使对方缩短刑期也会提高己方的效用水平，或对称地讲，对方增加刑期也会降低己方的效用水平。按照更加通俗的表述，也就是

① 关于囚徒困境博弈中的合作与非合作机制，还可参见著名生物学家道金斯（2018）从自然选择视角的讨论。

要使囚徒彼此抱有同情心！在此种意义上，来自经济学家的建议或解决方案在本质上无异于道德劝说。对此，多数经济学家可能不仅不会认同，而且会表示震惊错愕，甚至视为笑谈。这确实是在经济学本质的规定范围之内，经济学家经常无意识地正在从事——但又往往做不好的事情！

一旦提出这种“异说”，其“举证责任”自然在笔者。首先，需要明确的是，如果不能改变上述设定，则其博弈的结局，即两人因坦白而各领刑期5年，将成为逻辑上的必然。这一结果甚至在两人都对“囚徒困境”这一博弈的机理充分熟悉，而且彼此知晓对方的这种“熟悉”时，即博弈的机理成为“共同知识”也成立。因为这种必然性从对囚徒的行为假设而来，或者更一般地讲，既然假设了某人最大化一个可量化的指标，那么在其约束条件允许的范围内，选择一个更大而不是更小的数字就是一种永真式的结果，任何的异议都是自相矛盾的。特别地，即使考虑多次博弈，只要囚徒的目标和其他条件均保持不变，无论博弈结果是“好”是“坏”都会不断重复，乃至成为在任何时间、地点都成立的“规律”（另见本书第三章关于经济规律的讨论）。在某种意义上，这再次使人联想到前述黑格尔关于人们从历史中不能吸取教训的感慨，也不免唤起对唐人杜牧在《阿房宫赋》中阐发道理的共鸣，即“后人哀之而不鉴之，亦使后人而复哀后人也”。当然，如果在时间维度上能够建立起某种学习、奖惩机制（在囚徒之间引入外在因素），结果或可改变。但要特别注意的是，此处的“学习”并非是指学习如表4-1所示的仅凭常识就能领会的博弈机理，而是如何激励或惩戒囚徒的选择。不难看出，如果仅是由于对博弈机制不了解（不知道如果给定对方选择，己方该如何选最有利），则人们将很快习得，而不会在历史上重复“犯错”了。这里真正的难点在于，表4-1给定的行为目标，导致“自私的”囚徒只能“知易行难”。

其次，从上述论证可知，我们当然不能要求囚徒不最大化其效用否则就犯了逻辑错误，或者至少超出了经济学思维的理解范围，而仅希望改变其效用函数的具体内容，以使各自的占优策略自然导向双方刑期都最短的最优集体解。为方便说理的需要，笔者将刑期最短问题转化为自由年限最长问题以便更加符合直觉地从最大化角度解说。假设两人今后最长的可能自由年限为 20 年，则表 4-1 中的经典博弈等价于如表 4-2 所示的情形。

表 4-2 囚徒博弈（Ⅱ）：行为目标以自由年限衡量

甲/乙	乙坦白	乙不坦白
甲坦白	A：甲、乙各获自由 15 年	B：甲自由 20 年；乙自由 13 年
甲不坦白	C：甲自由 13 年；乙自由 20 年	D：甲、乙各获自由 18 年

资料来源：笔者自制。

基于这种转换，现假设囚徒的效用 U 为己方自由年限的某种函数，即 $U=F(f)$，其中，f 代表自由年限。在如此定义的效用之下（此处不必考虑约束），则博弈结果一如表 4-1 中的 A 栏所示。但如果两位囚徒的效用函数分别变为如下扩展形式（各自以下标 i 和 j 表示）：

$$U_i=af_i+(1-a)f_j;$$

$$U_j=af_j+(1-a)f_i$$

也就是说，每位囚徒出于同情或其他原因，其效用不仅取决于己方的自由，而且还包括对方的自由，即成为两者自由年限加权平均的某种函数。其中的权重由介于0~1 的系数 α 决定（为简化，假设两人的参数相同，即“自私”程度相同，这对其中的机制分析无影响）。显然，后者取 1 时便转化为以上的经典型。例如，表 4-3 展示了如果 α=0.6 时的博弈情形。此时，如乙选择坦白，甲坦白对应的效用是 15 单位（15×0.6+15×0.4），不坦白对应的是 15.8 单位（13×0.6+20×0.4），故对甲而言最好不坦白；如乙选择不坦白，甲坦白对应的效用是 17.2 单位（20×0.6+13×0.4），不坦白对应的是 18 单位（18×0.6+18×0.4），故甲的最优之选仍是不坦白。乙方博弈同理，即无论甲如何选择，其占优策略同样都是不坦白。因此，整个博弈也会达至D框显示的集体最优解。①

表4-3 囚徒博弈（Ⅲ）：同情心下的效用水平

甲/乙	乙坦白	乙不坦白
甲坦白	A：甲、乙各15	B：甲17.2；乙15.8
甲不坦白	C：甲15.8；乙17.2	D：甲、乙各18

资料来源：笔者自制。

也许更加重要的是，以上关于囚徒博弈的论证也可"以小见大""推而广之"。从某种意义上，其中的个人占优与集体最优的关系大致相当于个体理性与所谓的"群体理性"之间的矛盾统一，也使人自然联想到卢梭所指的在由"私意"简单加总构成的"众意"（Will of All）与代表集体最优的"公意"（General Will）。前者，即"众意"往往导致每个人都试图变好，即按照各自的占优策略选择，但实际会导致人人变差的"合成谬误"（Fallacy of Composition）；而后者，即"公意"，才是真正符合被拟人化的群体的整体利益。借助这位启蒙思想家的天才洞见，经济学家的职责也可表述为：通过分析论证、宣传表达等方式，对利益相关各方进行劝说，以改变其效用函数及其他约束，最终使在个体占优策略的驱使下，叠加而成的"众意"与"公意"相一致，正如上例中富有同情心的囚徒所做的那样。② 值得指出的是，这也许就是卢梭在其"政治经济学"词条中用较大篇幅讨论"道德""公民"，以及"教育"的

① 由此也可回应一桩经济思想史中的公案，即所谓的"斯密问题"。斯密问题来自在《道德情操论》中具有同情心的"道德人"与《国富论》中追求自身物质利益的"经济人"之间的"矛盾"。实际上，从上述不同情形下的囚徒行为可见，两者都可被视作"自爱"者，而不同仅在于两者对自己自由和他人自由的态度不同。并且，如从更为一般的个体理性加以解释，两者并不存在逻辑不一致。其中的唯一差别仅在于各自效用函数的"内容"或经验对应物不同（斯密，2017）。

② 此中原理与所谓的个体"激励相容"也高度近似。后者是实现组织目标的重要条件，因此也是评价一个组织、一项制度优劣与否的关键标准。

原因（卢梭，2018）。显然，如此安排对于经济学家，特别是当代学者看来是颇令人费解的。笔者对之的理解在于：因为经济繁荣、社会和谐的基础在于塑造私意与公意相容的公民（当然也包括决策者本身），亦即后者的理性经验对应物恰好有利于实现公意。与之相比，阐发某种经济学说或市场机制，如被经济学家津津乐道的贸易有利论则往往是次要的。毕竟，正如这位自豪的“日内瓦公民”所宣称的：有了公民就有了一切！据此可见，“哲人”卢梭对于经济的认识可能比纯粹的“经济学家”更为深刻、透彻！

此外，上述观点也许会招致对笔者所坚持的方法论个人主义的误解，因此有必要澄清。根据理性原则，经济学中的个体行为的目标只由其“私意”或上例中的占优策略决定，无论后者涉及何种目标与约束，哪怕是对他人的同情与对社会公义的追求。由此自然也会使人联想到斯密（1996）的著名论断，即“我们每天所需的食料和饮料，不是出自屠户、酿酒家或烙面师的恩惠，而是出于他们自利的打算”。这一广为人知的引语常被后世解读为这位经济学之父对经济自由放任的提倡。尽管此处斯密是从狭义角度使用“自利”一词，而笔者所谓的“自利”当然不限于此。但其中的思路具有内在一致性，即都从决定着人类行为的个体理性着眼来考察群体层面的，往往并非个体主动追求的结果，因此也都是方法论个人主义的表现。并且，如果相应的分工选择、资源配置等对于某个给定的群体目标不甚“理想”，也只能从改变个人行为（包括目标与约束）的角度去着手。

总之，无论是在微观层面还是宏观层面，只有改变相关者的效用函数才能实现其“有用性”这一严酷的逻辑，也促使——当经济学家试图发挥政策影响力时，必须成为一个高效的、具有吸引力并能感染其受众的沟通者、宣传者、说教者、规劝者。但不幸的是，大多数经济学家对其扮演的、始终无法摆脱的劝说者的角色，既无明确认知，也缺乏专业训练。这自然也阻碍了其劝说能力的提高。[1] 此处略举两例：其一，在论及全球化的利益分配时，罗德里克（2016）指出："为了应对发展中国家的需求，发达国家的领导人应该停止把国内特殊利益群体提出的政策，装扮成是能够满足发展中国家贫困人口需求的政策。发达国家应该牢记自己走过的发展历程，要为贫穷国家制定他们自己的制度建设和经济追赶战略留下空间。"其二，科利尔（2020）在《资本主义的未来》中也强烈地批判道："现代资本主义……在道德上已经破产，正在走向悲剧。"基于这一判断，这位牛津大学教授几乎以整本书的篇幅来呼吁在自由市场经济的背景下，重建符合道德的、充满包容互惠的家庭、企业、国家和世界。总之，尽管以上两位著名学者并未明言（内心是否察觉也不得而知），但蕴含在其陈述中的道德劝说意味是如此强烈，使笔者想到了传统的前工业社会中，无论中外都极为普遍的"劝善""惩恶"之言或讲故事、或谈道理；或偏宗教、或近世俗。在很大程度上，与现代社会相伴而生的经济学，似乎也只是在这一"劝善术"的内核之外，增添了一些具有"现代性"和"精英性"的装饰罢了。而经济学主要侧重于数理推导和实证分析，往往掩盖了其"劝善术"的身份，以至阻碍而不是促进了相应道德目标的达成。更有甚者，作为现代经济学赖以诞生、发展的主要背景之一，资本主义生产方式又反过来影响道德，而经济学家对之的反思、批判，实际上也发挥着劝说的功能（罗根，2020）。

第五节 劝说何以困难

经济学家不仅在如此地，并且经常无意识地做着劝说工作，而且由于其指

① 有趣的是，McCloskey 和 Klamer（1995）曾指出，美国近 1/4 的国民收入来源于所谓的说服或劝说活动。例如，律师和法官的工作可以全部算作说服，而经济研究的一半也应算在此列。

向劝说对象的道德观念和价值标准，因而难度极高，由此也使作为“劝善术”的经济学发挥的现实功用十分有限。实际上，正如 Frey（2006）质疑的，学术界始终缺乏可信的“证据”（Evidence）以支持经济学对相关实践的直接贡献。尽管存在技术上的困难，但对于一个已是实证研究“满天飞”的学科，这种可谓“第一证据”的缺失实在令人称奇甚至可谓蹊跷，也不免使人怀疑经济学的有用性了！①

由于这种证据缺失，笔者不便将“放松信息约束”同“道德劝说”两种功用的贡献或难度进行量化区分，此处仅通过几例研究概说一二。例如，在本章提及的通信频段许可权的拍卖和城市公交定价问题中，经济学之所以能够派上用场在很大程度上实属幸运。试想如果此类问题不仅关乎“信息约束”，而是深涉相关决策者的个人利益或者相关各方的利益分配与冲突，则人们恐怕很难像求解一道“单纯”的应用数学题那样轻松自如。就此，曾就职于美国内政部的著名学者罗伯特·纳尔逊也从其实际工作经历中感悟到，经济学家很少在现实决策中扮演“解题者”这样的角色，而是出乎多数人的意料，他们往往是通过捍卫一系列价值观而发挥影响，但也很少是决定性的。另据其观察，导致政策分歧的价值观差异甚至也常不止于世俗层面，而在于更深的宗教层面（Nelson，2001）。显然，后者所具有的超越性又使劝说的难度大幅提高，而经济学能发挥作用的空间又相应地被进一步挤压。甚至有研究显示，由于对理性人假设（在此处语境下，当然是狭义的、以追求自身物质利益为目标的理性）的依赖和对“金钱”的关注等原因，经济学可能会使人更加自私与不乐于合作。尽管对这一发现尚有争议，但这似乎也暗示了经济学的“劝善”功能不

① 具体来看，关于经济学对现实的经济表现及相关政策的影响或功用，Frey（2006）总结了生产函数、选择研究经济学的行为与回报，以及政策案例研究三类方法及相关文献，并指出最后一种方法相对较好。此外，相关问题有时也在“经济学的经济学”（Economics of Economics）这一研究领域内讨论。就此还可参阅 Coyle（2012）。

仅并不明确，甚至其“方向”都存在疑问（Frank et al.，1993）。特别是联系到前文所述，如果说在斯密的年代，对这种追求物质财富的自私理性人的强调还有进步的启蒙意义，但在今天，倘若这一行为假设当真促成了上述后果，经济学便走向了其良好初衷的反面，可谓罪过深重了！

为理解经济学因劝说太难而导致的用途有限，不妨再着重考察一例。关于国际贸易这一最古老、最重要的经济学研究主题，美国著名经济史专家道格拉斯·欧文（2019）坦言：“虽然经济学家广为人知地指出了贸易产生的收益和限制贸易的成本，但他们在历史上对贸易政策的结果并无太大影响。”尽管其中的原因复杂，笔者假设决策者关于“贸易有利论”完全了解，即不存在知识、信息上的约束，但自身的利益（表现为效用目标）同国家整体的贸易获利相背，如其支持者主要来自受损于国际贸易的行业、地区等。此时，经济学家关于自由贸易的说教将极为困难，其对真实世界的甚微影响也并不令人意外。换言之，如果决策者的效用函数类似于本章提及的囚徒未经调整的效用形式，经济学家的工作基本可以归结为说服其“舍己为人”，甚至是“拔一毛而利天下”。不得不说，在今日全球化逆风肆虐的背景下，上述的决策者与整体利益冲突的假设似乎颇具现实性，而且也是引发各种贸易保护行径的根源所在。但专业人士往往将之天真地归结为相关决策者“不懂经济学”，特别是“比较优势理论”。这未免也太高估经济学的作用和难度了！① 此外，以上思路再次凸显了坚持方法论个人主义的重要性：如果将“天下”视作一家，即整合为一个由“公民”构成的单一利益主体和决策主体，对于“拔一毛而利天下”之类的收益大于成本的行为，如依据比较优势参与国际贸易，可能根本

---

① 就此可参阅前任美联储主席耶伦对前任美国总统特朗普的评论（参见网址：https：//www.bbc.com/news/business-47369123）。需要指出的是，即使决策者个人，如特朗普缺乏经济学专业知识，但经由其决策团队酝酿、有关各方辩论并且执行多年，甚至在政党更替后仍然长期延续的经济政策如果存在弊端，也自有其复杂考量。很难想象这仅是由于“不懂经济学”而得的恶果！

无须经济学家的建议与劝说，甚至未等后者的劝说，早已如此行事了！[①]

行文至此，不免想到凯恩斯在其《通论》中的一段广为流传的论述：“经济学家以及政治哲学家之思想，其力量之大，往往出乎常人意料。事实上统治世界者，就只是这些思想而已。许多实行家自以为不受任何学理之影响，却往往当了某个已故经济学家之奴隶。”（凯恩斯，1983）依笔者之见，作为效用目标（也包括道德约束）的本源和依托，思想观念的重要性自不待言，也唯有观念的改变（如前文所述的囚徒从自利到同情），才能克服危险的“既得权益”。[②] 但若说经济学家这一特定群体对之产生了很大影响则高度可疑。这位“宏观经济学之父”可能远远高估了经济学家的劝说能力，从而对经济理论改进现实政策的能力信心满满，除了在《劝说集》中的几句抱怨！实际上，如果说“实行家”契合了某位先哲的理论，也往往是给定情景下的通理、常识罢了（或谓其现成的“理性选择”的结果）。很难说其中存在着由经济学家首先提出某种理论，然后改变“实行家”等相关人的思想观念，进而影响政策实践的因果链条。对此，诺贝尔奖得主托马斯·萨金特将经济学定位为“系统化的常识”（Organized Common Sense）就显得谦逊了许多。[③] 的确，作为常识，经济学（如贸易有利论、商品一价率、要素边际产出递减等）同自然科学中的发现有显著不同：无论是DNA分子的双螺旋结构还是相对论中的质能方程，都是难以从日常生活经验中直接获知的。因此在其被提出之前，都是无人知晓或至少仅在极小的学术圈内有所了解。经济学的理论则往往反映了某种

---

① 值得提及的是，最近，Schwartzstein 和 Sunderam（2021）从心理学、经济学等角度，对利用“模型”展开劝说进行了研究。其重点在于知识传授式的劝说，即本书所指的放松信息约束，没有涉及道德层面的“劝善”，特别是劝说决策者“舍己为人”。

② 还可参考凯恩斯（1983）在《通论》中同样著名的结束语：“危险的倒不是既得权益，而是思想”。另外，关于思想观念对经济表现的影响，麦克洛斯基（2018）对之有更为深入、细致的专论。

③ 此语出自2007年萨金特在加州大学伯克利分校所做的可能是“史上最短”的毕业典礼演讲（参见 https://eml.berkeley.edu/econ/UC_graduation_speech_2007.pdf）。

“后见之明”，并将种种发生了的事实加以模型化地呈现或再组织。

最后，也许更令人意想不到的是，由理性原则导出的经济学家必须成为劝说者这一逻辑线索也可以使颇具新意，但常被主流忽视的“经济修辞学”（Rhe-toric of Economics）建构在更加清晰、恰当的理论基础之上。正如这一领域的主要开拓者、美国经济学家迪尔德丽·麦克洛斯基曾断言“经济学是一种文学”，而通过言辞改变观念进而影响实践才是现代世界的主要由来（Mc-Closkey，1998；麦克洛斯基，2018）。类似地，作为麦克洛斯基的毕生好友，美国西北大学教授乔尔·莫克尔（2020）也通过对18世纪至19世纪中叶英国及欧洲历史的考察，指出了思想观念与言辞表达（特别是与对商业和知识的态度相关），对英国的崛起起到了至关重要，甚至是决定性的影响。[①] 显然，这绝非得益于彼时有什么重大的经济学理论突破或“解题”上的进展。此类洞见笔者颇以为然，但可能对于坚持经济学是一种旨在发现某种“客观”规律、发明某种机制的“硬科学”，然后再将之指导实践的众多同行来说，如此观点实在难被接受，甚至令人情何以堪！

基于前文的相关论述，笔者虽然大体同意“经济学是一种文学”等观点，但所依据的思路与之不同。实际上，在理性原则的支配之下，经济学如果希望对现实产生影响，必须改变决策相关者的目标与约束，即其理性的经验对应物。尤其是当约束不限于信息、知识等因素，经济学家只能通过说教、规劝等方式改变相关者的价值观、道德感、宗教信仰或者更为广义的“观念”体系。无论成功与否，但若想“有用”则在逻辑上却唯此一途。相应地，修辞的优劣成为关系经济学“有用性”的关键，也成为或应当成为评价理论高下的重

① 由此似乎也可推知，40余年来中国所创造的经济奇迹，也在很大程度上得益于人们在追求物质财富、从事生产经营、维护基本权利，乃至实现个人价值等方面的修辞、态度以及价值标准等方面的深刻转变。后者很难归因于某种经济学说，如基于市场条件下的增长、贸易、制度、管理等理论的事先引导。

要标准。由于对理性的误解，这远非当今学界的普遍实践，同时也缺乏共识。

如果从更加宏大的视角来看，“劝说”的地位抬升似乎也契合了在观念的“后现代主义转向”过程中，逻辑理性的重要性式微，而修辞表达的作用相对凸显。可惜的是，许多经济学家对这一“时代精神”的转变并无察觉，继续在其专业的“硬度”以及实证性与技术性上越走越远，而相应地对现实行为的劝说之用越来越弱。例如，对于备受关注的贫困治理问题，如果仅从政策建议的角度来看，一个生动的、能够引发共情的故事，远比一个充满模型推导和专业术语的学术文章（哪怕发表于权威期刊）有更大的影响。笔者并非贬低后者的价值，而是要强调后者很难自动发挥在其专业圈子之外的社会功用。需要注意的是，这并非副业，而是经济学之所以产生的“初心”。此间，自然就需要某种沟通转化的“桥梁”，用以连接理论建构和劝说。

目前，这种“桥梁”的搭建显然不尽如人意，尤其是重技术、轻修辞是学术界的一种常态，甚至成为时尚。究其缘由，除去近代以来科学的数理化“大势”，这当然并非仅影响经济学，还有两个原因值得关注：第一，在现代经济学的专业共同体内，“技术”的门槛较高，可以相对容易地据此辨识相关论者的专业水平，并排除通常意义上的“非专业”人士，而且水平高下的评判标准也较为客观；“修辞”的专业性，至少从表面看来，不易辨识，且其优劣也较难评价，主观性极强。第二，更为根本的原因还在于经济学家对“劝说”的误解，特别是未将之同其学科的本质相关联。由此，笔者冒昧地指出，尽管麦克洛斯基这位深刻、多产的思想家再三强调修辞、表达的重要性，但可惜始终缺乏对这一视角的审视：作为一种理性选择学说，经济学如果要改变世界，必须改变相关人的理性的经验内容，包括其最大化目标和（或）约束条件。换言之，劝说的重要和困难，都印刻在经济学的底层逻辑之中。然而，正因为缺乏相关论证，在麦克洛斯基丰富、精彩的论证中，人们往往感到缺乏统一而明确的逻辑线索，更对经济学之为文学背后的根源不明就里，或仅停留在表层。这不免使她关于用“言辞来说服”的观点本身就存在着说服力偏弱的问题。[①] 此外，在很大程度上，尽管也明确指向了经济学家的说教者角色，前述的施蒂格勒的相关研究也存有这种缺陷：对“为何要说教”“经济学家的说教又发挥何种作用”等问题未予深入阐明（施蒂格勒，2018）。不过这也并不使人意外：由于其误解了理性原则对经济学的支配，自然也无法阐明这一学科被先天赋予的作为“劝说术”的功用。[②]

另外，还须强调，一方面，经济能动者的最大化目标显然受到价值观的左右，或者说其本身就是价值观的体现；另一方面，除去预算、技术、信息等方面的限制，某些约束，如与道德相关的承诺、义务、戒律等（另见本书第三章）也由行为者的价值取向和伦理标准所决定。因此，通过对目标与约束的改变（同时或其中之一）而影响现实不仅成为经济学实现其有用性的主要途径，也将这一关于理性选择的“工具之学”同偏好形成、价值评判、道德规范等不可避免地联系起来。这将成为下章所要探讨的主题。

---

① 还应注意的是，在麦克洛斯基的经济修辞学研究中，修辞、说服的目的并不限于影响公众或决策者，而更在于取得学术共同体内部的重视、理解，乃至认同。这一点更接近经济学的“认知价值”，而同本书所关注的经济学如何“外向地”发挥现实影响不同。当然，两者并不矛盾。

② 需要补充的是，观念改变与经济实践变化之间的作用关系往往也是双向的，因此后者不仅是观念的结果，而且本身也反作用于观念。例如，通过对托尼、波兰尼、汤普森三位“道德经济学家”思想历程的评述，英国学者罗根（2020）阐述了资本主义生产体系对精神道德的侵蚀；其同乡科利尔（2020）则进一步指出了全球化对国家、社群、阶层、家庭、个人等多个层面的价值冲击。但限于主题，这种实践对观念、理论的作用并非此处的关注重点。

第五章　道德科学还是工程技术？“双面”经济学

“只有最高的善才是最终的东西，并且如果这个最高的善是唯一的，它就是我们寻求的目标。但是如果最高的善是多个，那么它们中最终极的就是最高善。”（亚里士多德《尼各马可伦理学》）

“我们亟须一次对道德之价值的批判，这些价值的价值本身首先有待质问。”（尼采《论道德的谱系》）

无论是从起源还是学科发展历程看，经济学既是一门负载价值意涵的“道德科学”，也是一种保持价值中立的工程技术。这种双重属性，不是依赖于传统的、晦暗不明的“实证—规范”两分法（Dichotomy），而是由经济学作为一门理性选择学说的身份所决定的；不是笔者提倡的一种“应然”，而是“必然”。换言之，在理性原则（主要表现为在约束条件下的效用最大化）的支配下，一切经济学视角下的解释或分析，都同道德因素既存在内在关联，又时刻身处其外、“无涉”其间。由此，经济学家既是某种道德伦理、价值规范的宣扬者与探求者，也是在一切道德因素作为前提给定后不偏不倚的旁观者与执行者。

第一节 经济学的“父”与“母”

长期以来，对于道德因素或“价值”的态度，科学界既高度重视又时常回避，可谓始终处于纠结之中。例如，在比较自然科学和所谓“文化科学”（大致对应今天的“社会科学”）在研究方法上的异同时，马克斯·韦伯提出了著名的“价值中立”（或“价值无涉”）与“价值相关”原则，既承认了社会研究的客观性与科学性，又避免了文化现象或社会活动同自然现象的混同（韦伯，2013）。作为对上述纠结的一种理论解说，韦伯这一颇具启发性的概念建构影响之大不限于某一具体门类的学科。当然，对此的各种讨论与争议也接踵而至并持续至今。限于篇幅，本书对此不再赘述。需要强调的是，如果仍旧基于理性原则对经济研究的支配这一方法特征，也可对经济学中的“价值中立”与“价值相关”，以及由此引申的事实与价值、实证与规范、道德学与工程学等一系列相关概念与关系加以新的理解与阐释。或者说，对上述问题的审视本质上都可以统一于经济学分析方法自身的通则之内。非严格地讲，这可能也正应了王阳明所谓的“吾性自足，不假外求”！

实际上，从其起源来看，经济学充满了“价值中立”与“价值相关”两者之间的张力。例如，阿马蒂亚·森（1987）曾论述到，经济学有两个主要源头：一个与伦理学相关；另一个则以工程学为基础。无论我们对此如何理解，但不可否认的是，伦理学和某种工程师方法都直接地参与了经济学的诞生过程，并推动了其发展与流变。然而，如此的双重源头也造成了这门“沉闷科学”在身份辨识上的模糊：经济学是伦理学的一个分支，还是一种以财富生产、分配与消费等经济活动为对象的工程技术？抑或两者皆是或皆不是？特别地，如

果兼具这两种属性，那么其伦理意涵又如何同体现价值中立的工程技术相合于一体而不矛盾？关于此类本质性问题的模糊甚至矛盾，至少可以追溯至亚当·斯密，后者既提倡充满同情的“道德人”，又肯定了精于算计私利的“经济人”。更具象征意味的是，作为现代经济学的开山之作，斯密的《国富论》就是和其至少同样重要的《道德情操论》交替写作、修订而成的（斯密，2017）。这一更为“实质性”的纠缠本身，似乎就已经预示着经济学错综复杂的身世了。

在很大程度上，受到“休谟难题”的影响[①]并伴随着近代实证主义的兴起，Senior（1836）、Pantaleoni（1889）、Keynes（1917）、Robbins（1935）、Samuelson（1947）和 Friedman（1953）等斯密之后的经济学家在经典讨论中均试图将经济学的伦理“基因”做某种形式的剥离，相应得到价值中立的、在工程技术意义上的经济学，这主要围绕“是什么”这一所谓客观问题展开。此类学问曾被称为“纯粹经济学”（Pure Economics），如今则被更多地称为“实证经济学”（Positive Economics）。与之对应地，相关被剥离的伦理部分主要研究“该做什么”则被称作“规范经济学”（Normative Economics）、“经济学的艺术”（Art of Economics），偶尔也在某种情境中用“福利经济学”（Welfare Economics）指代。然而，这种两分法并非对称，即经济学家普遍厚遇前者，而薄待后者。例如，Keynes（1917）曾宣称，“政治经济学的主要功能在于探察事实和发现关于事实的真理，……而不是规范该如何生活，它是一门科学，而非一种艺术或伦理考察”。Robbins（1935）则更加明确地通过对价值判断和规范分析的拒斥（特别是避免人际之间的效用比较）来捍卫作为科学的经济学，即“经济科学”（Economic Science）。他指出：“在逻辑上并不能将这两种研究结合，除非是简单叠加。经济学考察事实，伦理学处理评价与义务。这两种学科领域并不在同一话语平面。”（Scarantino，2009）受其影响，

① 简言之，该难题指“不能从‘是’推出‘应该’”（No “ought” from an “is”）。这一区分有时也被称作“休谟铡刀”（Blaug，1992）。

20世纪30年代末，卡尔多、希克斯等年青一代的LSE经济学家在帕累托学说的基础上创立了"新福利经济学"（或称"帕累托福利经济学"），力图将价值判断从福利经济学这一被认为充满规范性的学科中清除，尽管并不成功（Blaug，1992；布劳格，2018）。综上所述，体现科学性、客观性的实证经济学是主体、主流，而规范性的、伦理相关问题则居于经济学的讨论边缘，经常是需要回避，甚至有待剥离的"非科学"残余（Colander，2009）。[①]

令人遗憾的是，概览现有文献，关于"实证"与"规范"这种两分法，或者关于作为实证科学的"经济学"与侧重规范性的伦理学之间关系的讨论虽然众多，但鲜有从经济学方法的本质特征，即作为一种理性选择学说的角度展开。正如下文将要详述的，抓住这一本质将会自然地探达经济学"合二为一"的属性。一方面，恰是因为受到理性原则的支配，经济学才具有了丰富的伦理意涵，甚至也可称作一门"道德科学"（A Moral Science）；另一方面，同样在理性原则之下，经济学也必然从给定的"价值"预设出发，表现为一门价值中性（或价值无涉）的、偏于技术性的学科。上述两种属性有机地合于一身，因此也可被归为某种"二元主义"（Dualism）。如果秉持这种观点，使在今天仍旧占据主流讨论的两分法显得不再清晰，甚至也不如人们普遍相信的那般重要。特别地，经济学兼具道德科学和工程学双重身份的特性并不经由规范经济学与实证经济学的区分而被赋予，更不体现为两者的机械叠加与拼凑。

在深入讨论相关问题前，有必要澄清此处的二元论观点同20世纪分析哲学的重要人物希拉里·普特南提出的"纠缠论"（Entanglement View）具有某种相似性和一致性。简言之，在批判逻辑实证论（Logical Positivism）以及

① 有趣的是，在近代实证精神及相关反思的影响下，客观科学描述同主观价值判断这两种学术倾向的紧张对立还体现在其他学科，特别是社会科学门类之中。例如，在围绕对历史的"辉格解释"的争论中，历史研究是否，或在多大程度上，应当包含道德评判，即成为一项使人纠结的核心议题。其中，对于持辉格史观的人来说，这种先入为主的价值判断乃是必不可少的前提，历史就是朝着实现某种善的目的，如人的自由而展开的（巴特菲尔德，2012）。

“综合”（有关事实）与“分析”（有关逻辑约定）两分法的基础上，此种观点认为事实与价值紧密纠缠、互有彼此、无法分割，而这种状况当然也适用于经济学。在一系列研究中，普特南和其合作者指出，尽管经济研究强调客观事实与实证，但其中遍布价值内涵，因此难以划分出一个与价值无关的区域。特别地，从纠缠论的视角，这位思想大师普特南对森的“能力法”（Capacities Approach）倍加推崇，尤其是支持其关于福利经济学中伦理判断的可论证性（Putnam，2002；Putnam and Walsh，2007，2009）。需要强调的是，以上的立论基础在于更具一般意义的事实与价值的关系，而经济学只是其中的一个应用案例［这一点同 Dupré（2007）的推理逻辑类似］。本书则从经济学自身的本质出发，或者说从经济学的内部视角，对实证与规范，或事实与价值的两分法提出批判。此外，在某种程度上，普特南等关注的“价值”多在“认知价值”（Epistemic Values）。后者主要指在论证、推理中所体现的连贯性（Coherence）、似然性（Plausibility）、合理性（Reasonableness）、简洁性（Simplicity）等标识特征与评判标准。从实用主义的视角来看，认知价值被认为有助于正确地描述客观世界，且内嵌于一般意义上的科学知识的产生、积累、传播，乃至新陈更迭之中（Putnam，2002）。然而，经济学至少就其主流文献看来，在讨论与伦理、规范相关问题时的主要关注点多在于道德层面的、有关是非善恶之类的“非认知价值”（Non-epistemic Values）或伦理价值。尽管本章也会涉及“认知价值”，特别是在讨论经济学表现为一种修辞与沟通的学问时，但“非认知价值”才是本章研究的主要聚焦之处。①

① 非严格地讲，这两类价值的区分大致在于：“认知价值”主要指在各个门类的科学探索中所遵循的评价标准，或者可以理解为一个“好”的理论所应有的特征。按照库恩的观点，后者应包括“精确性”“一致性”“广泛性”“简单性”和“有效性”（库恩，1981）。“非认知价值”按照 Scarantino（2009）的观点，指“所有个人、伦理、政治、社会文化等层面的价值”（第 465 页），其目的不是服务于实现科学知识的积累，或者说不是服务于促进认知。由此，这种区别也可被简单概括为：前者据以评判理论好坏，后者据以评判行为善恶。

第二节　实证与规范：虚幻的两分

从实证经济学这一往往最被经济学者推崇的领域开始（Dupré，2007），此节将阐发这样一种观点：无论是从经济学作为一种理性选择学说的抽象属性来看，还是从经济研究的实践来看，“实证经济学”这一概念都不能很好地概括经济学家所实际从事的工作，而其与“规范经济学”的区分也十分模糊，甚至在一定程度上归于对这一学科本质的误解。这至少可以从以下四点加以理解：

第一，至少就经济研究主流形态而言，罕有从观察现实中的人类行为开始，而后整理、归纳出所谓“规律”并推而广之（Hands，2012）。笼统地讲，这一过程才是人们通常理解的经验性、描述性科学所具有的，或者应该具有的主要特征。例如，位于经济学中核心地位的厂商理论一般不是从观察纷繁芜杂的商业实践开始，再归纳其行为的共性特征，如以利润最大化为目标。相反，学术通则是先假设如此，再演绎出相应的后果，最后再同实际的数据、案例相对照，甚至这最后一步也并非必需。

第二，颇为隐蔽的是从一般的科学理论中的“实在性”与“建构性”的角度看（内格尔，2015），研究者在观察、描述过程中的所谓实证性、客观性其实并不“纯粹”，而是与之（既在学者个体又在学术共同体的一般层面）主观所持的思维方式、概念体系、与价值标准等息息相关。正如面对同样的星空，即使古人和当代的天文学家仅凭肉眼且在相同的地点与时刻所观察到的“事实”也可能大相径庭。同样，这种理论与事实的互动关系通则也同样适用于经济学：正如前文所述（特别是关于两层理性及理性原则现实

性等节），假若没有先验的目标和约束条件的概念，这种为经济研究而进行的观察、描述也就无从谈起。甚至也可以说，先有理性原则，之后才有经济学的研究对象，或者说关于对象的事实才能显现。这种理性原则的支配实际上就隐含了研究者关于其对象的价值取向的规范性假设，即无论何种厂商、消费者等经济能动者，都在约束条件下，“应当”最大化那个被假设了的目标。

第三，从上述的理论建构视角也可推知，两分法在经济解释这一通常被归属于单纯的“实证”工作中也会失效。实际上，假使经济学家能够从观察甚至是可控实验出发（如某些行为学者声称的那样），进而提炼出一般性理论，他们依旧不能仅通过所谓事实来解释事实，特别是提供基于经济学思维的解释。正是这种解释才能使描述升华为理论。当然，在学术实践中，也罕有类似研究以单纯地报告观察或实验结果而收尾。如在前面提及的“最后通牒博弈”中，至少就笔者所知相关研究并不会仅止于报告有某百分比的应答者而拒绝了提议者的方案，导致避开理论或科学的主要解释任务。即使有此类研究，其成果也仅是为展开下一步解释而提供的某种预备材料，或谓一种有待加工的学术半成品。特别地，如果要对此类发现进行经济学视角下的解释，只能将之“理性化”，即纳入某种约束条件下最大化的框架之内。在此例中，参与游戏者可能除了自身的获利以外还能从“公平”本身获得效用的提升，如此其所谓的反常行为便得到了解释。然而，通过这样的假设和以之为基础的解释，研究者不仅在从事实证分析，而且也指明了游戏参与者常在无意之间的“应为”，即最大化这个结合了“自身获利”和“公平”两个变量的效用水平，显然这也类似于第四章的具有同情心的囚徒之例。由此，纵使笔者将这种实验结果称之为客观的（独立于认识、判断），但当其被解释，也就不可避免地被赋予了规范性的特征。[①] 此时，区分实证与规范实属不明就里，因为笔者并不需要任何经济学的推导、分析，甚至不必借助有关经验观察，就能解释被确立的对象。例如，追求消费最大化的经济人的行为动因便包含在题目之中，即他或她在最大化其消费，正如假设的那样。由此看来，所谓“休谟的铡刀”在经济解释面前简直锈钝无比！

第四，无论是否接受弗里德曼等工具主义者的观点，“预测”都是经济研究的一项核心任务（Friedman，1953；Sen et al.，1986），而其中蕴含的客观实证性似乎毋庸置疑。例如，如果对明年某地 GDP（国内生产总值）增速进行预测，无论事后发现是高估还是低估，但都是关于“实然”的判断，并不必然与预测者的喜好和价值取向相联系。如果深究其理，此项工作也难以回避貌似不想干的规范命题。这表现在多个层面，包括预测的目的、方法选择、预测与实际表现，以及政策干预的互动等。但其中最为重要的可能在于预测与经济解释的关系：一方面，如果是某种基于经济理论的，即包含“理解”的预测，解释是其题中应有之义，而上述的关于解释所包含的规范特征也同样适用于此类预测；另一方面，有时经济学家借助某种“无理解”的预测，从而绕过了相应的规范命题，这在信息革命的背景下可能会愈加流行。然而，因为无须运用经济学的思维方式或理论，如此工作在本质上是在探寻，或者说还原一组数据的生成过程（Data Generating Process），并非严格意义上的经济学研究。甚至可以说，这组数据无论是来自经济活动，还是物理实验，甚或由计算机根据某种机制给出的无实指的抽象数字都无关紧要，有时将其归为经济学研究只不

---

① 即使一些顶尖学者也混淆了事实描述与理论解释，即“是什么”和“为什么”两类问题。例如，卡尼曼、塞勒、特沃斯基等（Tversky and Kahneman，1986；Thaler，2000）认为，对行为的研究是一种关于人们在现实世界如何行为的实证科学。基于本书的研究可见，他们的观点仅可说半对半错，即如果其研究结束于事实陈述（包括报告实验结果），则上述论断可谓姑且正确。如果他们继续展开对所发现事实的解释，正如他们实际中所做的那样，则必然要借助某种来自其实验之外的规范性框架。如此一来，他们也就不仅研究人们在现实中做什么，而且还要规定“经济人”通过其目的和手段的具体经验对象应当做什么。

过是出于方便考量，或相关数字碰巧为经济变量而已！当然，也许把这种预测工作称之为一种信息或技术服务更为恰当，即使将其排除在经济学之外，那么也仅出于学科分工的需要，即并非源自理性原则的视角，这并不意味着对其实用价值的否定（另见第三章）。

接下来本书讨论另一层意义的规范经济学，即作为一种关于如何在现实世界中制订合理政策，以实现某种目标的经济学。沿用消费者之例，此时经济学家将探寻在给定条件下，“应该”做什么以实现民众的消费最大化。其实质也类似于为了治疗某种疾病而研究应该如何用药。这种“诊病开方”式的心态或实践在经济学家中颇为普遍（罗德里克，2016），可能是人们通常理解的经济学的规范性与现实有用性的主要表现，乃至成为公众对经济学的普遍期许。然而即便如此，规范经济学实际上仍然无法只探讨“应该如何”的问题，而是需要建立在理性原则的预设之上方能展开其逻辑。后者可以表述为“若目标（及某些条件）是……则应该……”的形式，而“应该做什么”仅是其中的一个片段。令人遗憾的是，在被世界各地广泛使用的经济学教材中，对此也经常语焉不详。例如，关于规范性分析，曼昆以“政府应该提高最低工资”作为示例。在逻辑上，经济学家无法且从未评价、判断这种无任何预设目标的所谓规范性问题（Mankiw，2014）。另外，平狄克和鲁宾费尔德（2000）对规范分析需要以某种价值判断为前提也未明确，甚至令人不解地指出价值判断通常是规范分析的补充，似有逻辑倒错之嫌：若无价值评判在前，作为其逻辑后果的“应当如何”的问题根本无从谈起。

此处不妨再重点参考一个关涉公平正义，但实则并不“纯粹”的规范分析案例：近年来，皮凯蒂及其合作者计算了若干主要经济体的分配指标，并引发广泛关注和热烈讨论。Piketty（2019）在《资本与意识形态》一书中认为，2010—2015 年，美国顶层 10%的人口拥有全国 75%的私人财富，许多人（包括经济学家和一般公众），据此便表达了对美国分配格局的强烈不满之情和改善意愿。然而严格地从逻辑上看，仅凭这一证据（姑且认为其估算正确）本得不出任何规范性建议（如降低这一比例），甚至也无法获知应当改变的“方向”所指（降低还是提高这一比例）。只有给定了目标，如就是要降低这一比例，才能讨论接下来的“应该如何”的问题。同样，我们也无法仅凭这种数值便给出任何类如“是否公正”的价值判断，除非给定某种标准，如财富绝对平均才是最正义的（因此10%人口应当拥有10%的财富），或者说财富应与社会贡献相匹配才是正义的，而目前这一分布背离了这一原则（此处当然仅为举例，并非笔者个人的价值判断）。总之，只有先给出这种或那种标准，哪怕仅是暂时接受，然后才能判断10%的人拥有75%的财富是否公正，当然这也表明公正与否仅是相对于某种标准而言的，并非绝对。否则，如果仅凭这一数据，只能做出财富分配“不均等”的结论。令人遗憾的是，目前大多数关于分配的指标（如常见的基尼系数）都适用此理，即都是关于“均等”程度这一实然的衡量。然而，基于这种指标的相关研究（包括皮凯蒂本人）又常常既对作者自身的价值取向隐而不谈，却又在分析中以价值评判和规范性建议为核心。这从人们对贫弱的同情心视角自然可以理解，但其从实证到规范的论证过程在逻辑上并不清晰、完整。相应地，各种围绕分配的学理与政策之争，也往往源于被掩盖或被忽视的价值标准差异。

在很大程度上，以上呈现的更加完整的逻辑链条也表明，政策导向的规范经济学同用于描述、解释的实证经济学有许多共通之处：第一，两者显然同样受到理性原则的支配，或者说其研究与劝说的对象都是理性人，因此都需要建立在对最大化目标和约束条件的预设基础之上。第二，“若……则”的形式也使规范经济学可以在原则上被证伪：例如，给定了某种目标，经济学家提出某种方法或途径加以实现，如果没有达成目标（如降低财富分布顶层人群占比），在其他条件不变时就可以证伪这条“建议”。这里需要阐明的是，因为规范性的政策建议实际上内含了“预测”，即如果按照某种建

议，则会发生某种结果，所以这便使之得以同现实相对证，乃至证伪。另外，还要重申的是，这种可证伪性仅是在原则上有效，实践中则困难重重，但这与所谓的实证科学（如物理学）面临的证伪之难并无本质不同。由此可见，如果以是否证伪作为标准来判断是实证还是规范命题，正如坚定的波普尔主义者布劳格（2018）曾主张，那么很可能并未理解规范分析的完整逻辑，尤其是其中预设的价值标准。总之，从多个层面来看，这种两分虽然有时方便了相关表述，但也由此掩盖了其在本质上的“纠缠”，反而引发了更多误解。

从理性原则角度来看，两者之间还是有些重要差异。这主要表现在经济学家对其研究对象的目标及约束的态度，即在进行描述、解释，乃至预测时仅是“作壁上观”、不予干预，而在提出政策建议（应该做什么）时则必须干预、引发促成给定目标实现的改变。出于简化的需要，如果笔者仅关注目标而悬置约束，对规范经济学的这种性质可做如下说明：除去自身的目标，经济学家还将面对两类外部的最大化目标，或更严格地讲，即两类目标的经验对应物。一是政策制定者个体的现有目标，对应于其持有的“私意”。二是政策实施的对象，如民众，所整体持有的目标，即政策追求的“公意”。所谓的经济学家的干预，主要对第一类而言，即试图改变政策制定者的目标，使之同实现整体效用的最大化相一致。换言之，使其对“私意”的实现自然导向对“公意”的实现。假若不能如此，则其政策建议将在逻辑上便注定是没有作用的（另见第四章关于劝说的论述）。对于公众整体的目标，经济学家则必须在某处停止追问，并暂时地对之保持价值中立，或至少在一个特定的研究中不再讨论。从此种意义上看，这种政策导向的、“规范”经济学家获得了类似“工程师”的身份，即他们为给定目标提供实现方案，而非探讨目标本身，除非这种目标是作为某种更高阶目标的中间步骤或手段。

为更好地理解这种实证与规范的纠缠，不妨来看一个不失一般化的例子:如果一个政策制定者选择了政策A而未选政策B,根据理性原则,那么这无非意味着A是政策制定者个人既有最大化策略的结果。因此,如果经济学家认为在某种约束条件下(如不使收入分配趋向不均等),为了实现某种给定的"公意"层面的目标(如在十年内使经济总量倍增),政策B优于政策A,那么其所要做的就是使政策B成为该决策者持有的最大化策略的结果。换言之,使政策B成为其新的"私意"的结果。再根据经济学改变现实世界的途径与机制,此时这一学科如果能发挥作用,则在于以下两点(可以单独发生,也可同时实现):①政策制定者受到信息、知识或推理能力等方面的约束,因而不知道政策B的存在,或者不知道其相对于政策A的优势。对此,经济学家的职责在于放松相关约束,或者更具体地讲,通过逻辑论证和经验分析等工作,向政策制定者告知政策B或者证明后者为什么优于政策A。由于未触及政策制定者既有的效用函数或者道德等层面的约束,这一职责较易实现。②政策制定者知晓政策B或其相对优势,但这一选项将损害自身效用,或者超越了其受到的其他规范性的约束(如前述的无条件的道德义务)。此时,经济学家的任务颇为艰难。因为他们的工作将在很大程度上归结为劝说决策者改变其价值观念,正如本书第四章所述的改变囚徒的效用函数,使之对另一方产生同情。

另外,此例也表明政策导向的规范经济学需要建立在某些事先给定的政策目标和约束条件的基础之上,否则无法展开。如经济学家对"十年内在收入分配不恶化的条件下实现经济总量倍增"建言献策时,也暗含地意味着相关论者不再就这一政策目标及其附加条件再行讨论。当然,经济学家也可以对此提出异议,继而转向讨论这一目标及约束条件本身的合理性。但在此时,他们又必须另启一项研究,并借助更高一阶的"给定",如"实现现代化"等。上一目标,如经济增长,则又降格为实现这一目标的手段、途径。至少在原则上,这一逻辑在某种程度上也受到了前述韦伯提出的旨在确立目标的"价值理性”的指引可以继续推进①，但在特定的研究中又必须“中止”于一个研究者及相关各方可以暂时接受的位置，从而使讨论的中心又复归于对目标的实现途径与方法上，由此也回到了韦伯所谓的“工具理性”的支配之下。

在表5-1中，笔者总结了以上关于经济学家在描述、解释、预测和提出政策建议时所涉及的实证性与规范性。结合此表还可总结如下：实证与规范经济学的两分并非如一般认为的那样判然且有意义，特别是在理性原则支配下，经济学在解释其对象并据此做出预测时根本无关于这种区分。更为重要的是，理性选择学说这一属性实际上同时赋予了经济学的道德性与价值中性，也使两种性质共存于虚幻的“两种经济学”之中。因此，以这种两分法来看待经济学作

表5-1 实证经济学与规范经济学的两分

<table>
<tr><th>分类</th><th>描述</th><th>解释与预测</th><th>政策建议</th></tr>
<tr><td>实证经济学</td><td rowspan="2">经济研究通常既不始于观察现象、收集材料，也不终于此；即便如此，也必须借助事先给定的，但往往是隐含的目标和约束条件，以确定“描述什么对象？”“怎样取舍信息？”“如何加工整理经验材料？”等问题。此类预设，已经包含了价值导向等规范性的内容</td><td rowspan="2">①在展开经济解释时，两分难以成立：即使可以单纯描述事实，也不能以此解释事实，而必须借助理性原则。但此时“应当做什么”也蕴含在假设的最大化目标与约束条件之中
②有理解的预测必然基于解释，因此关于预测的规范特征同样适用；无理解的预测虽然规范特征较弱，但其主旨在于发现数据生成过程，并非严格意义上的经济学研究</td><td>—</td></tr>
<tr><td>规范经济学</td><td>给定政策目标和约束并对之保持中立，改变相关政策制定者个人层面的目标与约束，使更符合政策目标的选项成为其新的个人最大化策略的结果，即使决策者的新“私意”符合设定的“公意”</td></tr>
</table>

资料来源：笔者自制。

① 这一推理或可以止步于亚里士多德（2007）所谓的作为终极目标的“最高的善”，但这一问题也超出了本书甚至是整个经济学的研究范围。

为工程学和道德科学的双重身份可能并不恰当，尽管这已经是一种历史悠久、被普遍接受的视角。如此一来，难免将价值中性与道德性看作组成经济学的两种可以分离的配料，而非同源于经济学本质的相互纠缠、有机结合的特征。相应地，这种机械性的区分实际上既不利于描述与预测所谓客观现象，也不利于这门学科的被内在赋予了的规范性目的之实现。

第三节　乔装的道德科学

由以上论述可知，看似判然的实证与规范的两分，实则并不清晰，甚至也无足轻重，相关试图对之加以区隔的努力也缺乏意义。在这一认识的基础上，本书将直接从经济学作为一门广义的理性选择学说的角度探讨其双重身份。本节笔者将展示被误解最深的经济学之为道德科学所表现出的若干方面，而在第四节聚焦于经济学如何担当工程技术的角色。需要提请注意的是，这种安排纯粹出于论述的方便，而非暗示这两种身份可以彼此独存或者有主次之分。

在某种程度上，作为道德科学的经济学往往在经济表现良好时备受冷落，如在次贷危机前的“大稳定”（The Great Moderation）和全球化高潮时期，但又在经济出现深重灾难和结构剧变时受到广泛关注。其原因大抵在于在前一种情形下，繁荣使所有人都或多或少地受益，没有明显的失败者，因而平等、正义、基本权利等问题并不突出，而在后一种情形下又会出现相反的倾向，经济发展和经济学涉及的道德性问题也随之凸显。特别地，自2008年全球金融危机以来，一系列带有明显价值导向和伦理意涵的研究，尤其是涉及分配正义、商业伦理、效率与公平、竞争与合作、经济与社会、发展与生态等议题渐成后危机时代的学界热点。其中颇值得一提的是，近年来，前述的法国经济学家

皮凯蒂（连同阿特金森、赛斯、祖克曼等）通过对欧洲、美国、中国等主要经济体历史数据的估算与分析，重新将收入与财富分配（或更宽泛地称为“经济不平等”）这一具有鲜明伦理色彩，但也长期受主流学界，特别是新古典经济学冷遇的问题带入经济学研究和公众讨论的中心位置（皮凯蒂，2014；Piketty，2019；赛斯、祖克曼，2021）。[①] 实际上，这一趋势也可以在某些量化指标中得到反映。从图 5-1 展示的谷歌学术（Google Scholar）文献数量可见，相对于经济学中经久不息的，同效率相关的研究主题“经济增长”（Economic Growth）。近年来关于“经济不平等”（Economic Inequality）的研究数量几乎持续增加，两者的相对比值已经从 2006 年的 11%升至 2020 年的 31%。其中，增幅加大主要发生在 2013 年以后，而在该年《二十一世纪资本论》首次以法文出版，这或许是一个耐人寻味的巧合！然而无论如何，基于金融危机之后的贫富分化、增长乏力、全球化遭遇逆风等复杂的经济社会背景，探讨经济学如何展现其道德性，进而发挥其“社会责任”的问题具有了更为紧迫的现实意义，也受到越来越多的关注。实际上，除皮凯蒂外，许多经济学家也正致力于将这一学科变得更“好”（Good）、更“高尚”（Soulful）、更有“人情味”（Human）。[②] 从某种意义上说，这同早先的经济学的“纯粹科学”化倾向可谓大异其趣。

---

① 皮凯蒂（2014）指出，长期以来分配问题之所以不受重视，主要原因有二：第一，传统的库兹涅茨的理论认为分配格局会随着经济发展迈入高水平阶段而自然缓解；第二，主流理论一般基于“代表性经济能动者”，后者往往被假设为在收入、财富等方面完全同质。除皮氏提到的两点外，20 世纪 30 年代末兴起的“新福利经济学”明确排斥了人际间的效用比较，进而也对分配问题持冷漠甚至否认态度。就此可参阅 Scarantino（2009）。

② 这里的三个形容词分别来自班纳吉和迪弗洛（2020）的《好的经济学》、科伊尔（2016）的《高尚经济学》，以及塞勒的诺贝尔经济学奖颁奖词。此外，关于后危机时代经济学与道德的讨论，还可以参阅 Posner（2009）、Atkinson（2011）、Bhagwati（2011）、Friedman（2011）、Shiller 和 Shiller（2011）、Stiglitz（2012）、Mankiw（2013）、Schoen（2017）和科利尔（2020）等；特别地，关于疫情的分配效应，参阅 Djankov 和 Panizza（2020）以及 Deaton（2021）。

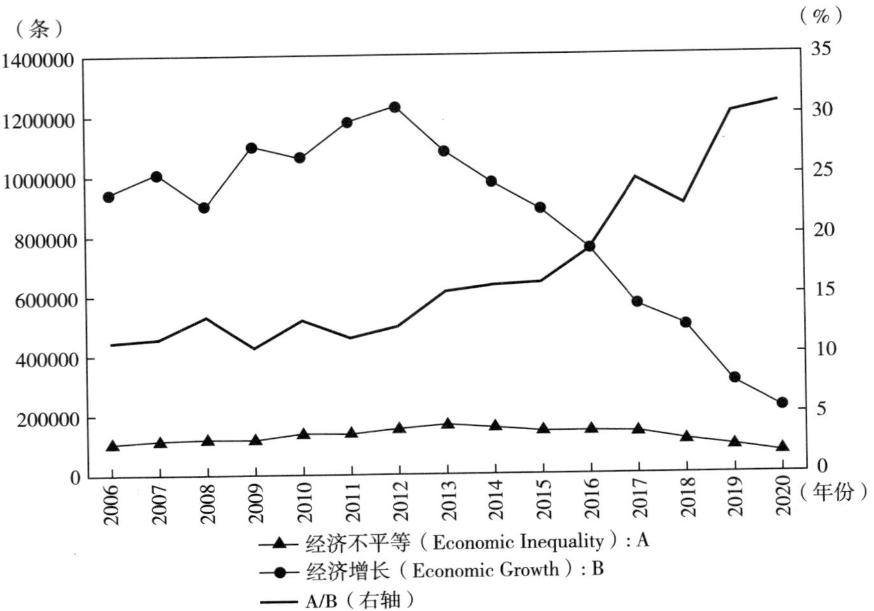

图 5-1 “经济不平等”与“经济增长”相关学术文献数量对比

注：检索词为英文“Economic Inequality”和“Economic Growth”。

资料来源：谷歌学术（Google Scholar）。

无论如何乔装或忽略，经济学作为道德科学的第一条论据显而易见，即理性人的最大化目标当然反映了其价值追求和道德观念。特别是从对“目标”的拓展这一角度来看（见表 2-1），同情心、公正观、正义感、宗教信仰等非与自身物质利益直接相关的因素也都会影响甚至决定行为者所欲最大化的“效用”（或者用其他称谓表示的某种目标）。此外，还应强调的是，即使沿用主流经济学中最常见的也是狭义的对效用的假设，即效用函数由自身的投资利润、货币收益、消费等构成，也表明了某种隐藏颇深的价值取向，绝非仅是价值无涉的“实然”。尤其值得称道的是，回顾 18 世纪下半叶的英国和欧洲大陆，在那个弥散宗教气息、寄望彼岸幸福、遍布封建压迫、漠视个人权利的社会背景下，斯密开始关注此类利己的、狭义的“经济人”的积极社会意义，并充分肯定了通过个人奋斗与社会分工协作，改善在此岸世界的物质生活的努力。这不仅开启了现代意义的经济学，更上承宗教改革，发挥着倡导自由平等、呼唤科学理性的启蒙之用（杨春学，1998）。今人之所以忽视这种早期的经济人假设在道德层面的内涵、影响，以及其提出者的用心与勇气，恰是由于已经长久处于此种价值体系之中，习以为常了。此外还须一提的是，这种对个人的物质利益、效率，或更广义的世俗成功的肯定甚至标榜，也接近于麦克洛斯基（2018）所指的“事功”观念的普及（Prudence，又常译作“谨慎”）。这也是天主教伦理中与“公正”“节制”“仁爱”“勇气”“希望”“信念”并列的“七德”之一。[①]

第二条论据可能令人感到稍许意外，即人类行为还受到与价值相关的约束条件的影响，而不仅受限于预算、资源、技术等。对此，我们姑且统称为“道德约束”：它使行为者放弃了本来能够实现更高效用水平的选择，因为他们不如此做，便与加诸自身或外在给定的道德标准不符。这里不妨以本书第三章提及的阿马蒂亚·森的“承诺”为例（Sen，1977，1985），遵守承诺并不导致本人效用的提升，但又必须如此做。例如，某人得知他人被虐待，即使自身感受没有变差，但又认为这是恶行并加以制止。这时，其行为便受到承诺或更一般的道德约束的限定，并被之解释。相反，如果其感受变差，即降低了自身效用，便可归因于“同情”（Sympathy）。相应地，在后者作用下，制止这种虐待也就提高了自身效用。这里仍需重申，此处的分析全赖于理性原则对经济行为的支配，即任何经济行为都是在约束条件下最大化某种目标的结果。至少对于经济学家而言，影响行为的变量，如不直接进入效用函数，就充当约束条件，没有其他可能。这是普遍必然的逻辑使然，而非基于个别经

① 在该书的中文译校序言中，校对者冯兴元研究员对“事功”（Prudence）一词的意涵及翻译作了详解。

验归纳的、具有或然性的判断。由此可知，在一个特定的研究题目之下，类如“同情”等变量会成为效用值的影响因素，该因素较之于新古典假设是一种广义化的效用决定变量（见表2-1），但“承诺”之类则只能理解为一种事先给定的约束条件。“承诺”排除了若干能够达到更高效用水平的决策选项。这种道德约束或承诺在现实中可能并不多见或者隐而不宣，而此处的论证则主要出于逻辑完整性的考量，即行为由目标和约束条件所决定，而道德同两者都相关。

第三条论据是，如果认为蕴含在行为目标和约束中的价值标准或道德规范是基于相关行为者的某种广义的“口味”或偏好①，那么经济学的道德性也可以从本书多次提及的“经济学帝国主义”的角度理解。当然，这里主要涉及经济学在关于口味或偏好形成方面的“扩张”，亦即经济解释在此领域的延伸。更具体地讲，相关的经济研究不再将口味或偏好仅作为给定的外生变量（无论是关乎目标还是约束），而是将之还原为某种约束条件下最大化策略的结果，也就是对之做“内生化”或“理性化”的处理。如用更为通俗的语言表达，便是超越“萝卜青菜，各有所爱”的教条②，而是追问为什么有些人偏爱萝卜而非青菜，另一些人则与之相反？或者从动态角度来看，在何时偏爱萝卜的人会增多，在何时又相反？以此类推，经济学也会在理性原则的指引下，对“为什么有些人比其他人更乐于利他?”“厂商的社会责任感源自何处?”“某种道德约束或清规戒律何以形成?”等问题提供解释，并在这一意义上，

① 至于这种口味或偏好是基于相关者的情感表达，正如艾耶尔（Ayer）、斯蒂文森（Stevenson）等“情感主义”（Emotivism）者所主张的（斯蒂文森，1997；艾耶尔，2015），还是基于逻辑与事实，这一问题与本书有关经济学中的道德性的讨论并无直接关系，笔者对此也不设立场。但需要提醒的是，这种对“价值”乃至“价值之价值”的追问至少在逻辑上并无终点。

② 在一篇颇具影响力的文章中，施蒂格勒和贝克尔以拉丁谚语“*de gustibus non est disputandum*”为题（Stigler and Becker，1977）。这一短语可直译为“不就口味争论”，而其意译便可对应于“萝卜青菜，各有所爱”。

表现为一种道德科学。[①] 就此，本书（特别是第三章“循规蹈矩”一节）也有相关讨论，这里不再赘述。

第四条论据关乎经济学作为或高明或低劣的道德说教之学的角色。正如本书指出的，经济学对现实世界发挥功用的重要途径就是进行劝说、交流、宣传等活动，来改变相关决策者的偏好、愿望、口味、审美、道德约束等变量，以使之符合“公意”。因此，对经济学或其中某种特定理论的评价，既应包括“真”，也应包括“善”和“美”等标准，而“好”的经济学的表述应当简洁明快、逻辑清晰、富于吸引力和感召力，甚至需要变为一种高超的说服术、宣传法或者“广告”。不幸的是，由于对经济学功用的深刻误解，这一层面的道德性或价值相关性在主流的所谓“内行”文献中缺乏专论，甚至罕有提及。尽管麦克洛斯基等致力的修辞研究也深涉此类问题，但对此又未能同经济学的方法特征以及引申的道德科学属性相联系（McCloskey，1998）。当然，也许更令人遗憾的还是在研究实践层面：经济研究应当富于“美感”的道理也被广泛地从事着“说教”工作但又不自知的经济学家所忽视，甚至认为这是对其学科的科学性的贬损。特别是在当今的中外文献和相应机构的评价体系中，经济分析的技术化倾向异常明显，能否应用高深的数理方法与定量分析工具成为评价研究者水平高下的最重要，甚至在实践中经常是唯一的标准，许多重要问题或新思想则由于难以被技术化地处理或表达而被遗漏，如诺奖得主阿克洛夫谓之“遗漏之罪”（Sins of Omission）（Akerlof，2020）。然而，也正是对所谓的科学性或者“硬度”（Hardness）的一味追求乃至宗教般的狂热（Fourcade

---

① 值得一提的是，在“全球偏好调查”（Global Preference Survey）的基础上，Falk 等（2018）量化了 70 余国及地区居民在利他、信任、正负向回馈等方面的偏好并对其成因进行了解释分析。由于相关偏好同道德关系紧密，所以这也可视作一项从经济学视角展开的道德研究（Becker，1996）。此外，可能对经济学家较为陌生的是，法国著名哲学家鲍德里亚也对现代消费社会中人们为何更追求“符号价值”（Sign Value），并由此导致的所谓“错误需求”进行了精彩论述（鲍德里亚，2014）。在很大程度上，这也是一种对口味、偏好乃至价值评判标准的探究。

et al., 2015), 使经济学在其对自然科学, 特别是物理学与生物学的模仿过程中 (如近年来受到热捧的随机试验法), 相应地弱化了表达沟通与道德说教功能, 因而也日渐脱离其说教的对象 (无论是公众还是决策者), 致使其现实作用也难以发挥。当然, 尽管不甚成功, 通过说教而影响他人道德观念这一价值负载机制始终内嵌于作为理性选择学说的经济学之中, 须臾不离!

第四节 价值中立何以可能

与同一种普遍的意见相左, 经济学中所遍含的道德性, 并不与其在作为某种工程学时体现的价值中性相对立、互斥。因为在理性原则的支配下, 经济学视角的解释必然建构在某种先定的关于手段与目的的假设基础之上。就像前述的决策者所面对的政策目标和约束, 如在不导致收入分配恶化的前提下在十年内实现经济总量倍增, 该目标一旦被提出, 在一个具体的研究课题中就不再讨论其在道德上是否正当或者有否其他价值层面的问题, 而仅探讨如何实现这一目标, 包括使其成为可能的条件与实现路径等。在这一意义上, 经济分析表现为一种对预设的价值立场保持中立的工程技术。这类似给定条件建造一座桥梁, 或者设计一款发动机使汽车的加速时间缩短, 而不问"为何要如此?""这是否会用于非正义的目的?""谁会受益?""谁会受损?"等问题。需要注意的是, 正如本书还要进一步论述的, 这并非指上述目标或约束不能被讨论、质疑, 而是说如果要如此, 则须另外展开一项新的研究。研究又必须依赖新的, 但又是暂时的给定。

为了更好地理解此种观点, 可以考虑下面的例子: 有 A、B 两个社会。前者在收入分配上极不平均, 但最贫穷的人也有每年 5000 元的收入。相反, 后者是一个绝对平均的社会，但每人每年收入只有4000元。对此，如果一个头脑清醒的经济学家被某人问及，“在其他条件都相同时，哪一个是更好的，或更值得选择的社会?”，那么最可能的回应将会是一个反问：“这里所指的‘好’的标准是什么?”这几乎是唯一合乎逻辑的回答，除非双方对此已经达成默契，无须再明言。显然，如果提问者在其效用函数中给予了收入均等以足够高的权重，这可能源自森所指的“同情”，那么答案自然为B社会；反之则反。当然，还会有一种在现实中罕见但在理论上可能的情况，即如果提问者受到某种必须遵守的道德约束，如森所指的“承诺”，使其必须选择一个更为平均的社会，尽管如此不会提高，甚至会降低其效用水平，那么B社会同样是当然之选。需要注意的是，虽然两种结果完全一样，但却基于不同的理由：前者出于效用水平的考量，后者则受到约束条件的限制。然而不管怎样，在以上的讨论中，经济学家对提问者的价值立场并无介入，既未表示赞成，也未表示反对，或者即使持有立场，但并不带入相关的研究从而影响其判断或结论。

为进一步澄清相关论点，不妨就“分配”再举一例。分配可能是价值负载最重的经济社会议题：当我们讨论“什么是最优的基尼系数”时，“什么是优劣的标准?”这一问题同样会紧随其后。① 显然，这种标准因人而异，不一而足：如在其他条件不变的情况下，有人认为能够引致最快收入增长（或最高经济效率）的基尼系数为最优，另一些人可能会举出最长预期寿命或者最长人均受教育年限等指标作为标准。无论如何，经济学家也仅能够在给定这些标准之后再行分析，并提出政策建议。然而，倘若继续追问这些标准背后的依据何在，则又必须建立在给定的更高一阶标准之上，如功利主义所指的“幸福”（穆勒，2019）。此时，收入增长、寿命延长、受教育年限提高等又成为实现这一更高目的的“中间目的”，通常可以被作为分项指标而加权汇总，因

① “基尼系数”（Gini Coefficient）是衡量收入或财富分配不均等的常用指标。其取值在0~1（或0~100%），分别表示完全平均和完全不均两极。

此也被某种共同的测度单位和坐标所衡量，亦即具有了“可通约性”或“可公度性”（Commensurability）。凭此，经济解释才能在理性原则之下得以展开，而其诸多的数理方法与计量工具也才能派上用场。①

就此，我们不妨再看图 5-2 展示的由收入等三个分量指标构成的“幸福”指数，各分量被置于同样的坐标系内，并以其围定的面积来测度“幸福”的多寡。当然，这种处理并非，也不可能来自什么严格的逻辑或事实，而是一种假设，其功用在于使不同的收入、寿命、教育组合能够被公度，进而被比较。无论是考察单一个体的效用最大化，还是人际间的效用比较与加总，甚或是时间维度上的效用变化等都有赖于这种关于可公度性的假设。此外，还值得一提的是，由于最终只关注合成后，即被“公度”了的结果，这也意味着某维度的欠缺，也可以被其他维度的突出所“代偿”。总之，一旦有此前提，我们需要对追求幸福最大化（或图 5-2 中三角形面积最大化）的原则保持中立，并以此作为评判政策得失（如分配调节）的标准依据。

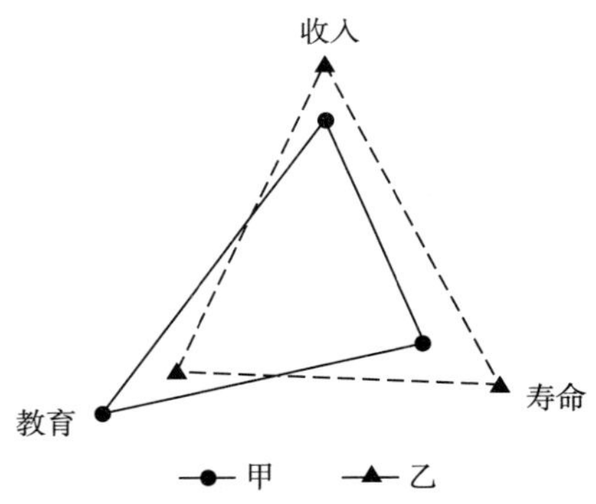

图 5-2　预设的“幸福”测度：分解与综合

资料来源：笔者自制。

① 正是这种“可公度性”，构成了古希腊哲学家毕达哥拉斯“以数为本体”论断的核心要素。现代经济学在某种意义上也以此种本体论为基础。

作为工程术的经济学在保持其价值中立时主要对“目的”或希望最大化的效用目标而言（同样地，为了简化，此处暂不考虑“约束”），所以有必要对后者稍作展开。实际上，在前述的关于经济学的定义中，罗宾斯原本指向了“多种目的”（另见本书第二章）。根据理性原则，这只能被理解为可通约的中间目的，否则无法权衡。就此，罗宾斯也在其后的段落中补充到，多种目的可以按照重要性排序（Robbins，1935）。不难理解，这种“排序”在本质上就是将相关目的比照着一个更高目的而定的“重要性”，化为可通约的形式，进而也可以被比较或被赋予某种权重后加总整合。因此在逻辑上，除了最高的终极目的（古希腊人曾谓之“Telos”，也类似于“不动的动者”或“自由因”），所谓更高的目的或中间目的都是相对而言，但经济研究又必须基于某种姑且认定的目的展开其逻辑，而如此也就确立了不再对之质疑、保持中立的单一价值评判标准。就此，罗宾斯也曾指出“经济学并不关心目的本身”。其真实含义或许不甚明确，但如果指的是作为一项研究的逻辑起点，亦即价值判断的起点则同笔者无异（Robbins，1935）。

至于不同目的是否总可以通约，或者如何处理不可通约的多个目的等问题超出了经济学的研究范围，但对于一项具体的经济学研究课题而言，这种可通约性又是必要的逻辑前提，正如图 5-2 中对构成“幸福”的三种分量的预设（Munda，2016）。如以效用函数的视角看，这也意味着在同一研究中，如果要进行所谓“福利分析”并提出政策建议，则不同个体或组类的效用函数需要由相同的变量构成（参数大小或形式等可以不同）。或者，相异的效用变量能够被“控制”，进而可以被归为“不变的其他条件”之中。特别地，在常见的用于讨论分配公平与效率改进的“埃奇沃斯盒状图”（Edgeworth Box）以及“帕累托最优”等理论模型中，实际上也暗含着相关人的目的可通约、可比较这一假设。非严格地讲，这表明了决定相关人效用的变量相同（如收入、消费等），否则相应的福利分析无法也无须进行。卡尔多、希克斯等据此抛弃的个人间效用比较其实也归于荒谬，并且就经济学作为一种理性选择学说的本质而言，也注定失败（布劳格，2018）。

当然，时至今日很多经济学家似乎仍未意识到效用可通约性或目的唯一性（本质上也就是价值评判标准的单一性）对其工作的重要，而这一点也可能预示着经济学或许在更宏大的层面面临着某种悲观前景：如果援用法国哲学家利奥塔尔（1997）关于现代社会的批判，有理由推知这一学科对效用可通约性的自觉或不自觉的依赖，也恰恰意味着其必然与“成为可通约的，否则就消失”的现代化进程携手同行，而其基本逻辑的用武之地自然也会随着目的多元与难以“通约”或“公度”的“后现代状态”的日益呈现而缩窄。这点还将在本书结语进一步讨论。①

还需要再次澄清的是，经济学对各种给定的价值评判保持中立，决不应被理解为这一学科仅能够停留于此，甚至如一个常见的，既来自“外人”也来自经济学家的误解那样——“经济学只问效率，不问是非”，或者无条件地接受前述的 Robbins（1935）所指的“经济学并不关心目的本身”。按照此前提出的经济学分析、解释的基本逻辑，经济学当然可以继续探讨为什么某类人群会倾向于持有某种道德观而非其他，但这又必须建立在更高一层的先定的、对其价值取向不做评判的前提假设基础之上。否则，经济学的分析和解释是不可能展开的。就此，曾任美国经济学会会长的肯尼思·博尔丁（Boulding，1969）提出了一则耐人寻味的讽喻。在一篇经典论文中博尔丁不仅明确提出了经济学应作为一种道德科学（正如该文的题目所示）且批评经济学家往往仅将口味、偏好等视作给定。因此反映效用水平的无差异曲线简直就像圣母玛利

① 关于这种不可通约性还可作进一步引申，即个体及群体（如民族、国家、宗教派别等）之间若存在难以调和的冲突，往往也由根本相异的效用函数，或不可通约的目标所引致。特别地，如果将这种相异性看作文化和价值观念层面的差别，这一观点也在很大程度上支持了美国政治学家亨廷顿提出的影响巨大的“文明冲突论”（Huntington，1993）。换言之，若说不同文明之间的冲突也就是“效用函数的冲突”或“价值观的冲突”，可谓“虽不中，亦不远”！

亚的“无染成孕”(Immaculate Conception),这大致可理解为无缘而生、无由而来。博尔丁的批评固然有一定道理,但按照本书对经济学本质的论述,其观点的适用需要格外谨慎:一方面,如前文所述,经济学无疑可以继续考察口味、偏好,这自然也可以引申为某种道德观念和价值取向的形成、变化与消亡,以至于探求为何无差异曲线如此“这般”而非“那般”。如此处理也就是将偏好等变量纳入到某种约束条件下的最大化视角进而得出解释,或者使其被“内生”。另一方面,经济研究总要起始于某种事前给定的,但又是暂时性的目标与约束,并在一项具体研究议程中对之不再讨论、评价。此处如果沿用博尔丁的讽喻,经济研究也确实依赖于某种“无染成孕”的外生变量。这不应成为其受到指责的理据。

第五节　合二为一

总之,经济学之所以兼具道德科学和价值中立的工程学的双重属性或双重身份,是由于其作为一门由理性原则支配的学科这一方法本质所决定的。换言之,通过最大化目标和约束条件的途径,经济学既要保持价值中性,又不可避免地深度涉及价值判断及道德问题。在这一意义上,此处的论证思路是严格地基于经济学自身的逻辑特征,因而既不同于前述的普特南所指的事实与价值的纠缠,即基于一般意义上的主体与客体关系,而非源自经济学“内部”。同时,这一思路也迥异于韦伯的“价值相关”和“价值无涉”原则。后者主要是就学者在讲堂内外(尤其是传授社会科学时)对自身的“价值”主张应当秉持的不同态度。

当然,更为重要的是,如此的双重身份也不依赖于传统的、至今仍被众多经济学家视为必须的所谓实证与规范两分法。如本书指出的，经由理性原则视角的审视，两者不仅难以被区分或被清晰定义（这种模糊性在其描述、解释，乃至改造其对象时都有所体现），而且这种区隔也加剧了对经济学作为理性选择学说这一属性的根本误解。实际上，并非存在两种平行的经济学，也非经济学可以一分为二：一个关乎客观事实；另一个关乎主观价值。这两种身份本就像一枚硬币的两面同时被赋予经济学，不能独存。无论就其拓展认知还是改造世界的功用而言都如是。行文至此，如果人们还对这样一种“彻底”的、完全内源于经济学方法特征的二元论观点抱有怀疑，以至将其误认为两部分简单叠加后形成机械的二元论，不妨将之联想为曾长期困扰物理学家的光的双重属性：它既是波，又是粒子，而不是有两种不同的光分别表现为波和粒子。若以此类比，两种看似截然不同的性质合于一体也并非不可想象。

最后，出于逻辑完整性的考量，还有一点需要补充。一方面，如果放宽视域来看，这种双重性的统一还表现在经济学研究者既对其学科自身的目的保持价值中立，也经由这种目的而负载价值。例如，斯密（1996）认为，经济学目的在于“富国裕民”，而庇古也说经济学旨在“改善人类生活”（Pigou，1920）。显然，对此类多少有些冠冕堂皇的学科终极目的（不特指斯密、庇古等的观点），经济学家将之视作给定，不再追问“为什么要富国裕民或改善人类生活”等问题，而对之的进一步分析、解释虽然不无道理，但却超出了经济学的范围。另一方面，这一目的又具有明显的规范性的、充满道德意涵和价值倾向的特征，因而也为经济研究提供了某种终极的价值标准。如沿用庇古之说，评价某种学说的优劣虽然有多种中间标准，如所谓的“认知价值”或理论的“美感”，甚或是最通俗、最实际的发文期刊等级，但最终应以在多大程度上服务于“改善人类生活”这一目的为优劣的评判依据。当然，这种性质并非经济学所独有，也不依赖于其作为理性选择学说的身份特征，而是普遍成

立于所有的学科门类之中。哪怕是对“为艺术而艺术”等看似无实用目的的学科主张，也总有其不再追问的、前定的目的，而且这一目的也必然涉及某种价值判断。对于所有的知识门类而言，这可谓一种终极而普遍的、无法摆脱的价值负载形式（见本书第三章关于学科分工的论述）。①

① 有趣的是，正如经济学、物理学、生物学、历史学等其他学科都有各自的在其存在之先便被给定的目的，然而一旦追问目的为何如此，便超出了该学科的范围，但哲学应是特例，对其目的的追问仍是哲学问题。

第六章　理性人的另解：偏好与选择

“物心不可知，天性有时迁。”（白居易《感鹤》）

“致力于检视人类行为的学者，遇到的最大困难莫过于把个人的行为放在灯光下进行拼接和分析。因为它们通常都出奇的矛盾，似乎绝非一人之所为。”（蒙田《蒙田随笔集——论行为无常》）

在经济学特别是微观经济学中，除了约束条件下的效用最大化策略，理性人的行为又常从消费者偏好具有的某些“良好”性质加以刻画甚至定义。基于这一视角，本章将讨论偏好、选择、效用与前述的理性原则之间的内在联系，进而阐明若干公理、假设在理论层面的主要功能不在于使相关行为在技术上易于“处理”，也不是对现实的尽可能的摹写，而是同前述的“好似”理性的用意类似，即要确保相关讨论在经济学的思考范围内展开。换言之，使经济学视角的解释成为可能。当然，对于很少思考其学科本质的经济学家而言，如此工作常在无意之间进行。

第一节　偏好公理与理性原则

尽管存在某些技术处理上的差异，但在马斯克莱尔、范里安、平狄克等的经典微观经济学教科书中（Varian，1992；Mas-Colell et al.，1995；平狄克、鲁宾费尔德，2000），理性人的偏好又被称为“序数效用公理”，应至少满足以下两条最基本的条件：①完备性（Completeness），指对 A、B 两种消费组合或“商品束”（Commodity Bundle），要么 A>B，即表示对 A 的偏好强于对 B 的偏好；要么 B>A，即呈现出与前述相反的偏好顺序；要么 A∽B，即对两者的偏好无差异。②传递性（Transitivity），如果 A>B、B>C，则 A>C。[①]

如果再考虑预算或其他约束，那么以上条件的满足同此前的理性原则，也就是约束条件下的效用最大化本质是完全一致的，所以如此行事之人，或者说有如此偏好之人，也可以唤之为“理性人”。仅有的区隔在于技术层面，如通过选择显示的偏好始终是“比较性”的，所以其对应的效用主要指序数效用，而非基数效用。一般而言，如果某人在 A、B 之间选择了 A，仅能显示其偏好 A，而难以衡量对 A 的偏好究竟是 B 的几倍，甚至对此也并不关心。此外，某些理性的偏好序列，如“字典式偏好”[②]（Lexicographic Preference），虽然也符

① 为简便起见，此处略去了经典教科书中更为常见的“偏好于或无差异”的情形，通常以“≥”表示。此外，对于行为“良好”的消费者偏好，一般还会给出“自反性”（Reflexivity）、“非饱和性”（Non-satiation）以及“连续性”（Continuity）等假设。通俗地讲，“自反性”指一组消费品至少同其自身一样好；“非饱和性”指消费品皆为“良品”，对之的拥有多多益善；“连续性”则保证了偏好可以由一个连续的效用函数表示。但本书所列的两项是最基本的假设，而且与将要展开的讨论直接相关。

② 简言之，此类情形指首先将各种标准排序，其次按照排序最先的标准进行比较，如果能分出优劣，则不再考察随后的其他标准；如不能，则再顺次按照下一个标准比较，以此类推，直到比较完毕。因其过程类似按照字母查阅字典，即先看首字母，再顺次看其后的字母，故有此名。

合完备性和传递性的要求，但难以用连续的效用函数刻画。当然，以上问题并不影响此处的核心，即同效用最大化思维一样，理性偏好公理也界定了经济解释在逻辑上的能力所及范围，这才是其主要的、但又被普遍忽视的功用。那么，为何如此呢?

首先，就完备性而言，试想如果在约束条件容许的情况下，消费者无法对两种消费组合或一般意义上的任意两种选项进行比较，也就表明由两种消费组合或选项带来的效用是无法通约的，亦即不能纳入到同一个偏好序次坐标中加以比较。注意，此处的不能比较并非指在偏好上无差异，而是没有标准，无从判断。显然，按照前述（Robbins，1935）的讲法，此种情况也相当于各种目的不能按重要性排序。此时，无论消费者做出何种“选择”（只能姑且称之），都难以按照偏好或预期收益最大化的角度去理解，进而也不能被视作理性选择的结果。如此一来，自然也被排除在经济解释的对象之外。应当注意的是，这里对完备性的强调，并不意味着经济学家认为在现实中大多数人，甚至所有人的行为都满足这一条件，而是指经济学家需要将完备性的要求加诸人类行为，然后才能研究如此假设能够产生怎样的结果。现实中不可通约、无法比较的考量似乎比比皆是（如事业与家庭、审美与实用等都难以直接比较）。为深入理解此点，不妨再思考下述问题，即如果研究对象在两个选项中没有偏好，无法比较，还希望从经济学家处得到怎样的解释或预测呢? 即使能够加以解释或预测，似乎也无须建立在任何被称为经济理论的基础之上，而是仅依靠某种“特设性”的理由，只能选此，不能选彼。仅此而已!

其次，在实际生活中，传递性条件也可能经常被违背，很多研究者（多是行为经济学家）也发现了所谓“偏好颠倒”（Preference Reversal）现象，甚至据此引发了关于“经济人”的学术大争论（杨春学，1998）。然而，当出现类似 A>B、B>C、C>A 这样的循环式的偏好结构时，那么如果向经济学家发问应该（或者将要）如何选择，或者如何解释已做出的选择，又能希望得到

怎样的回答呢？特别是在这种情况下，如果当 A、B、C 三个选项同时呈现于消费者面前，而 C 项被选中，那么经济学家或者耸耸肩，表示这超出了基于其专业的解释能力。或者他们只能沿用“显示偏好”（Revealed Preference）原理对消费者的选择做出两步骤的解释：第一步，可以明确的是，无论出现何种情况，既然 C 被选择，即表明对 C 的偏好最强，也表明后者是在给定约束条件下能使消费者效用最大化的选择。这是一种无可质疑的“定义真理”或者“约定”。第二步：当 A、B 同时出现时，由于某种原因，使消费者在 B、C 之间的偏好发生了颠倒，即由 B>C，变为 C>B（假定 C、A 之间的偏好顺序不变，仍为 C>A）。此时，经济解释仍可适用：A 可以被视作选择 B 或 C 的环境背景，这同行为经济学家所提出的“框架”（Framing）类似（Tversky and Kahneman，1986）。由于这一环境的差异，也使传递悖论得以消解，即对于 B 和 C 的偏好顺序还取决于 A 环境的出现与否，不可相提并论，自然也不构成矛盾，更谈不上对理性偏好或经济人假设的推翻①。当然，这也可以理解为有三个选项的选择、偏好排序本就不同于只有两个选项的情形。无论如何理解，都表明至少对单次选择而言，如果强求经济学家对所谓的违反传递性的偏好给出基于其专业视角的解释，则似乎也只能如此！

在相关讨论中，对理性偏好的完备性、传递性等条件展开的批判却常常忽视其语境。实际上，援用上述公理，主要的作用（无论有意或无意）在于保证了经济学中的偏好来自于“理性人”，即使相应的讨论始终是在经济学的话语体系之中展开，由此也使有待解释的“经济行为”得以出现。在这一意义上讲，类似前述的理性原则的所谓现实性（见本书第三章），理性偏好

---

① 这一情形同 Hausman（2012）提及的美国哲学家西德尼·摩根贝斯（Sidney Morgenbesser）点餐时的偏好变化有些许相似：在得知有苹果派和蓝莓派时，哲学家选择了前者，但在得知还有樱桃派时，则又转而选择了蓝莓派。但此处的重要差别是，摩根贝斯之例并未违反传递性，因为樱桃派并没有被纳入比较的序列之中，而是作为比较的环境或“框架”。但后者的出现，却也改变了哲学家对其他两种食物的偏好顺序。这一点同正文中由于 A 的出现，B 和 C 之间的偏好发生逆转的情形相同。

假设也并非是在对现实中的偏好进行“摹写”，或者借用罗蒂的概念进行一种逼真的“镜像映射”。令人遗憾的是，正如后文将要详述的，甚至连普特南和豪斯曼这样的顶尖学者似乎也未能免于此种曲解，以至于抛开经济学的语境而谈所谓的非理性行为或非理性偏好。如此一来，他们不知不觉地已经置身于经济学之外，而又误以为始终身处经济学之中，从而陷入到难以调和的矛盾中（Putnam，2002；Hausman，2012）！

第二节　对偏好的两种理解：选择排序与预期收益排序

从概念上讲，对于“消费者偏好”，主流经济学文献大体有两种代表性的理解或者定义（Sen，1977；Hausman，2012）：其一，“偏好”同“效用”一样，都难以直接观察，但却可以间接地从选择获知，即在满足以上公理及其他条件的前提下，经由实际的、可观测的、旨在实现效用最大化的选择得以“显示”。因此，偏好的顺序也就等同于选择的排序。简言之，在其他条件相同的情况下，面对 A、B、C 三个可选之项，首选为 A、次选为 B、末选为 C，则表明对 A 的偏好强于 B、B 又强于 C，即 A>B>C。这一逻辑构成了萨缪尔森等开创的“显示偏好理论”的核心（Samuelson，1938，1948）。值得指出的是，作为主流经济学中消费者理论的基础性概念，“显示偏好”是基于某种“操作主义”（Operationism）哲学，因此也与美国的实用主义哲学渊源颇深。从这一视角来看，“偏好”虽然不可直接测度，但也应当“被一组具体的操作来刻画”，正如“长度”的概念由对其测量的一组操作活动来刻画，进而成为“可操作地有意义”。否则，如果偏好仅存于相关人的内心，并不外化为任何

实际选择，那么至少对于经济学家来说，这一概念将失去操作意义，即无法也无须对之展开经济解释。在很大程度上，这种操作主义构成了萨缪尔森经济学方法论中的一个关键的指导性理念，但少有哲学积累的经济学家可能对此并不熟悉，或并不能从此角度来理解（汉兹，2009）。

此处还需要补充说明的是，如果从显示偏好理论来看，所谓的“次优”选择（Second Best Choice）在本质上也必须以对约束的狭义化处理（如仅指预算、资源约束）为基础方能成立。实际上，“次优”之选归根结底所“显示”的还是最优选择，只不过由于受到某些约束，包括广义化的、一般不被经济学家所重视的约束限制，如信息不充分、推理能力有限等，使其无法达到另一个在不受这些约束影响下能获得更多效用的选择。因此，“次优”依旧是在可能的选项中最为偏好的。从理性原则的逻辑上讲，只有按照这种基于约束的理解，“次优”的逻辑才能成立，否则，“所选并非最优”完全无法想象，以至成为逻辑谬误，正如“没有最大化的最大化”或是“圆的方”一般。当然，笔者并不反对且自己也时常应用“次优”这种约定俗成的用语，如“熊猫”“鲸鱼”等将错就错的习惯用法。但基于上述认识，这里还是希望读者不因“次优”的字面意义而产生对理性选择和显示偏好的误解，正如不能仅根据名称而将熊猫归为猫科、将鲸鱼视作鱼类一样。

其二，偏好也同按照预期收益或好处（Expected Advantages）大小进行的排列一致，这似乎也是在日常用语中对“偏好”一词最直观的理解。此处的预期收益等于某情景下可以获得的收益和此情景出现的概率之积，如此也使行为同或然的预期相联系。其中的所谓“收益”，又常指狭义的“自身利益”（Self-interested Benefits）或经济学中经常涉及的“经济福利”（Economic Welfare），一般可用货币衡量。按此逻辑，如果 A>B>C，则其他条件相同时，A 选项获得的预期收益必然大于 B，B 对应的收益又大于 C。换言之，A、B、C 对应的境况也按照从优到劣依次递减。需要强调的是，按照本书关于理性原则的论述，在逻辑上此处的狭义的“收益”完全可以对应广义的效用，而相应的控制因素或约束条件，也可包括信息、计算能力等。由此，即使选择者不清楚或搞错了选项对应的预期收益，正如在现实中经常遇到的那样，则可以被解释为约束条件使然，而并非出于所谓的非理性行为。尽管后者也常被主流经济学的批评者援为例证，然而却不一定恰当（科姆洛什，2022）。总之，无论是通过选择而显示的偏好，还是预期收益都指向了理性行为的核心目标——最大化效用，而其中的主要差异在于前者重在效用的比较、排序（见上节），而后者则更加方便地对应在不确定条件下的效用数量。

进一步地，上述的预期收益视角不仅便于同以基数效用衡量的偏好相联系，而且也为实现不同消费者偏好的“加总”提供了基础，进而在微观层面的个体选择与宏观层面，尤其是被决策者关注的福利分析之间建立了联系。公众福利现在可以通过对“偏好的满足”程度加以衡量。例如，在通常条件下，假设民众（或代表性消费者）偏好某种商品，在其他条件不变的情况下，一项能够提高此类商品消费的政策举措，便可被认为是提高了其预期收益，也增进了福利水平。然而，实际情况可能并非如此明了。从前述的不同层面的理性原则来看，行为的复杂目的和约束条件（如信息、推理能力的限制）都使从偏好的满足这一角度来定义经济福利颇费周折。特别是“最为偏好的即是能够带来最多益处的”这一日常语义，也同本书所聚焦的涉及经济解释基本特征的理性偏好，即作为理性原则的结果和外显，常被混淆与曲解。在哪一“层次”上定义偏好并据此讨论“偏好—收益—福利”关系才是问题的关键，但其中并不存在与理性原则相矛盾的逻辑。可惜的是，尽管豪斯曼等相关论者对“福利就是对偏好的满足”这一观点讨论较多，但似乎并未领悟不同偏好层次与理性原则的关系（Hausman，2012）。

第三节 以选择显示偏好：反对与赞成

值得一提的是，在讨论偏好的概念时，阿马蒂亚·森也谈及了选择排序和预期收益排序两种角度，但并未明言其中孰对孰错、孰优孰劣，只是强调了不应将两者混为一谈（Sen，1977）。然而，从以上论述可见，两者可以是等价的，而坚持区分的意义，如果仅从理性原则这一底层逻辑看，似无必要。不过也应强调，因为“选择”自然意味着行为，所以能够更直接地作为经济研究的对象，而关于预期收益的考量更关乎对选择背后的原因或动机所做的说明解释，因此也离不开选择的“实现”：如果仅是对不同选项的收益进行评估而不有所行动或选择，便超出了经济学的研究范围。基于这一认识，本书将集中对作为选择排序的偏好展开讨论，并先以豪斯曼对此提出的若干观点为线索（Hausman，2012）。当然，相关道理基本也适用于偏好的“预期收益排序论”，因而在此不做赘述。

具体地看，豪斯曼对偏好的“选择排序论”主要提出了四点或明确或隐含的质疑或反驳：第一，按照选择显示偏好的逻辑，将意味着“没有选择，就没有偏好”。豪斯曼认为这显然不能成立。例如，即使个人不能选择“低通货膨胀”或“高工资”，但不能据此认为人们对之无偏好。第二，当“看法”或“信念”（Belief）相异时，同一选择往往基于不同的偏好。对此，豪斯曼以莎士比亚笔下的罗密欧之死为例：罗密欧当然希望与心爱的朱丽叶一起生活，而不是死亡。所以从其最终自杀的选择不能正确地推断出其偏好。第三，对同一种选择，既可以认为是由约束条件决定，也可以从偏好角度解释，两者难以区分。对此，尽管豪斯曼并未明确将之作为对显示偏好理论的反驳，但从其举例中可作这种理解：因为某人向其爱人承诺戒酒所以某人晚餐时不饮酒。对此，一方面，可以解读为该人对酒的偏好未变，但受到履行承诺这一道德上的约束，故有此选；另一方面，也可解读为戒酒的承诺改变了该人对酒的偏好，进而也导出了相同的选择，即不饮酒。第四，豪斯曼还以某人对热巧克力和啤酒的偏好可能因为季节变化而变化为例，提出了理性的偏好还应满足“环境独立性”（Context Independence）的条件，即偏好如果是理性的，在不同环境中应保持稳定（Hausman，2012）。本书提及的哲学家摩根贝斯的选择也属此类，即樱桃派的出现与否也类同于环境改变（Hausman，2012）。

仍从理性原则对经济学的支配可知，豪斯曼的上述观点虽然不乏灼见与启发，但也存在严重缺陷。尽管如此，也丝毫不降低笔者对这位当代著名经济哲学家的敬意。首先，脱离语境来看，其第一点意见或许不错，即不能认为没有选择就没有偏好。但这是一种典型的、常见的缺乏“语境感”或“边界感”的认识。需要注意的是，豪斯曼的讨论与本书的研究显然都是在经济学领域边界之内进行的。因此，如果不能选择或者没有做出选择，即行为者只是按照某种给定方式行事，没有其他可能的或实际的状态改变，则经济研究或经济解释根本无从展开，也无须展开。如此一来，相应给定的方式也就构成了特定解释，遑论经济学中的“偏好”问题。就此需要重申，经济学中的行动者必须是拥有一定自由的“选择者”，这也正是“经济能动者”（Economic Agent）的必有属性（另见本书第三章）。如仍以豪斯曼提及的“低通胀”为例，只有将人们对其的偏好同其现实选择相联系时，这种“偏好”才有可能进入经济学的视域：如对主张抑制通胀政策的政治候选人的支持，或者采取不同的“消费—投资”决策抵御通胀，甚或移居至一个低通胀的地区等。特别地，这种道理也正是基于上述的萨缪尔森秉持的“操作主义”，即经济学中的“偏好”必须经由“选择”才能变为“可操作”地有意义；或者换言之，只有与显现

的行为相联系的偏好（无论是作为驱动还是抑制的原因），在经济研究中才有意义。特别地，哪怕是在有他处可去，但还是“选择”留在一个低通胀地区，这也反映了经济学视角下的偏好，而后者也诱发了一种特殊行为，即维持现状。否则，如果“偏好”仅是一种没有外显的内部心理倾向，既不构成经济活动的动因，也不对之产生任何可以观察到的其他影响，这一概念将空无所指甚至充满神秘感，就如在原则上不可测量的长度一般。此处不妨再举一个关于“三国”的例子：如果有人更希望或偏好蜀汉一方而非司马氏胜出，一统天下，那么这种显然是无法实现的、同“偏好者”现实选择无关的偏好无须进入经济学的视域。当然，这种对蜀汉的“偏好”有可能在虚拟世界（如网络游戏）中实现，可以通过参与游戏者对所扮演角色的选择来加以显示，甚至可以设计一种定价机制：如选择蜀汉为本方需要额外支付一定费用，而其多寡正可以衡量这种偏好程度。此时，经由这种途径，也使相应偏好及选择有成为经济解释对象的可能，但也仅是一种可能而已。

其次，当通过选择来推断偏好时，必然是在控制了约束条件的前提之下。这个道理是如此的不言自明，以至于人们往往不需要对之再加以特别强调，但这种“不言”也经常导致其被遗忘，甚至生出误解。具体地讲，只有在给定相同的约束条件或者暂不考虑约束条件时，如果某消费者选择了 A 而非 B，则我们方能确定其对 A 的偏好强于 B。但令人颇感意外的是，豪斯曼在谈及不同“看法”时，却没有意识到这种偏好的形成在实质上也无非是一种有关知识信息、推理计算能力等方面约束条件综合作用的结果。换言之，由于不同看法来源于不同的信息等因素，这时当然不能对凭此显示出来的偏好直接加以评判，正如不能仅从穷人和富人的菜篮选择来判断其对食物的偏好一样。但这完全不构成对偏好的“选择排序论”的反驳。特别地，如果沿用罗密欧的例子，其自杀的选择当然也展现了偏好。但就此的正确或完整的表述应为：在获得朱丽叶已死的信息（尽管是错误信息）时，罗密欧更偏好自我毁灭，而不是独享余生。实际上，罗密欧在前幕中就曾对朱丽叶多次表述了类似意愿，例如，他曾感叹道："与其因为得不到你的爱情而在这世上捱命，还不如在仇人的刀剑下丧生"（莎士比亚，2014）。可见，罗密欧的结局不仅出于其"理性"的选择，而且其偏好还是稳定、一致的。[①] 不过也应承认，从罗密欧的悲剧可见，试图通过选择来显示偏好，必须以了解行为者所受到的各种约束为前提。这一道理看似简单，但经济学家对此的忽略或误解却并不鲜见。例如，2019 年诺贝尔经济学奖得主班纳吉和迪弗洛（2020）在研究贫困问题时曾犀利地指出：研究者往往认为贫困者不知道其真正的偏好或实际需要，而经常做出一些"错误选择"。就此，他们举例道：一位食物尚且匮乏的男子，却并不后悔购买了能够连接卫星的大屏电视机，并认为大屏电视机甚至比食物更重要，因为它是在其所处环境中能够缓解日常单调生活的不多手段之一。由此不难看出，经济学家（包括决策者）往往自视高明，认为他人的选择与其真正的偏好、初衷不符，进而越俎代庖、替人决策，但这种情况也多是由于不知晓关于种种复杂约束的"内情"所致。特别对于国人来说，关于这种被曲解了的约束之下的偏好，不免令人想起面对饥荒，发出"何不食肉糜"之问的晋惠帝了（另见本书第四章）！

再次，因为选择由偏好和约束共同决定，单独看豪斯曼的饮酒之例，确实不能判断究竟是因为偏好改变还是履行承诺的约束使其戒酒。但正如本书第三章关于"循规蹈矩"行为的论述，此处需要在相关条件发生变化时，观察选择或行为的反应。出于某种原因，戒酒的承诺不再有效，此时如果该人立刻重新饮酒，则表明之前的承诺仍仅是一种广义上的约束条件。这与放松更常见的

① 另有一则著名的古希腊神话与罗密欧因误信而自杀的情节十分相近：雅典王子忒修斯杀敌成功后从海上归来，但却忘记了与父亲老国王埃勾斯（Aegeus）的约定，即如果生还则撤黑帆而挂白帆。这一疏忽使其父误认为儿子已死，遂万念俱灰，跳海自尽。此海也因此被命名为"爱琴海"（Aegean Sea）。显然，同样不能认为埃勾斯的自杀行为不出于其偏好，但又明显受限于信息。

预算约束后的情形并无本质不同，如收入提高或酒价下降后增加了酒类支出。然而，如果该人自此仍不饮酒，则表明由于对此前戒酒承诺的遵守，其偏好已经发生变化，即不再喜好饮酒。此时限制条件（对戒酒的承诺）的有无不再对其行为产生作用。当然，如果此人逐渐恢复饮酒，也可表明其偏好虽然发生变化，但仅是暂时性的，假以时日后又恢复旧态。如果再以科学哲学的视角来看，以上逻辑在某种意义上仍然体现了“操作主义”的观念，即人们之所以有时需要区分某行为究竟是偏好还是约束使然，背后的根本动机在于分析当条件改变时行为的变化并做出相应的决策应对。而也只有在这种动态过程之中，区分偏好与约束才变得“可操作地”有意义，否则在静态的一个时点看这种区分实无必要，也不可能。因此，至少对经济学家而言，在类似事例中的偏好最终还是，也只能是经过选择得以显示，并由此同约束相区分。但这种显示过程可能并非一次便能完成，且需要相关条件有所变化。非严格地讲，这类似于在计量分析中，相关变量的变异或离散程度越高，往往意味着数据质量越好，得到的结果也越有价值。

最后，关于“环境独立性”，笔者虽然也认同有必要声明此点，但在理解上与豪斯曼存在差异。环境的不同，消费者的选择自然会有变化，但这既不指偏好能够未经选择便能显示于人，也不必然意味着偏好不稳定。如沿用豪斯曼的举例，不同季节选择不同饮品，仅可以表明对“饮品”的偏好发生变化，但其背后的“最终”偏好并未改变，即无论是选择热巧克力还是啤酒，都是使理性人获得最大效用，如某种定义下的“舒适”的手段，而这自然可能根据环境条件而异。因此。从理性原则的角度来看，加入“环境独立性”的条件应当被理解为在给定的研究课题中，需要存在着一个在不同环境中保持稳定的最终偏好或行为目标。在本例中，即表明相关人始终追求舒适，而非有时追求“舒适”，有时追求“不舒适”。这在此前提下，经济学视角的解释、分析便可展开。对中间目标（或实现更高一级目标的手段）的偏好，如在本例中对热巧克力或啤酒的偏好，则并非需要对“环境”保持独立，而环境实际上也成为选择本身的一部分，即“冬天选热巧克力，夏天选啤酒”这一组行为本身可以看作一个选项，其余则包括“夏天选热巧克力、冬天选啤酒”“无论冬夏都选热巧克力”或“无论冬夏都选啤酒”等项。如果其中之一被选出，则可被理解为显示了对“舒适”的偏好，而不是对热巧克力或啤酒的单独偏好。当然还要注意的是，所谓最终和中间偏好（手段），都是相对而言的，更须结合具体的研究主题而定。

第四节　何谓“选择”？整体与片段

也许更为重要的是，上述的环境差异下的不同偏好，还牵涉出一个极为关键，但却罕有提及的问题，即从显示偏好的角度，怎样才算是一个完整的选择？又是什么样的选择才能放在一起比较？鉴于行为选择的复杂多样，对此并无简单的答案。①

这里不妨参看一个来自“沉闷科学”之外的生动案例：文学大师钱钟书先生在其脍炙人口的小说《围城》中极其形象地刻画了两种人的偏好差异，书中写道：“世上只有两种人，就譬如吃葡萄，一种人总是从最大最好的一颗吃起，而另一种人，却是从最坏的一颗吃起。表面看上去，第一种人应该很幸福，因为他每吃一颗，都是剩下的葡萄里最好的。可实际上，第二种人还有希望，而第一种人，却只剩下回忆了。”（钱钟书，1991）从经济学的角度如何理解、解释两种人的选择与偏好呢？

① 如米塞斯也曾指出，一步到位便达成目的的单一行为世所罕见（Mises，1949）。

在一开始就需要声明的是，既然付诸于经济学，则相应的选择都需要纳入理性原则的框架之内。从这一前提出发，单从每一个时间横截面上来看：①第一种“从最大最好的一颗吃起”的行为较易理解。这说明其在各种可能选项中，均选择更为偏好的在客观上最好的葡萄。此处为论述方便，姑且认为钱钟书以“大”“好”“坏”等指的正是评价葡萄优劣的客观的，且是众人皆无异议的标准。②第二种“从最坏的一颗吃起”的行为似乎较难理解，因为如果从每个时间截面上看，此类人选择了最差的葡萄，这是否表明其对差葡萄更为偏好？如是，偏好在公认标准中的差者固然不违反理性原则，但似乎很难与常识相容；如否，则这种表面看来反常的选择是否构成了对显示偏好理论的反驳？

也许令人意外的是，在本例中如果单从每个时间截面观察可能本身就已误入歧途了。相反，只有在时间维度内考察、比较两种行为过程才能切中要领，即将一次次挑选葡萄的行为视作一个整体选项，而单次的挑选仅是其中的“片段”或“步骤”，如此相关人的偏好才能正确得以显示。基于这一视角，例中两种人的选择可以更恰当地表述为：前者选择了一个“先甜后苦”的“过程”，记为A；后者则相反，即更享受未来逐渐变好，乃至有所“希望”的感觉，记为B。如此相应地决定了两种人的偏好之别：对于前者，A>B，后者则反之，但两者都是理性人，都在通过以上过程最大化地获得满足或效用，而其中的每次拣选都是完成各自偏好的过程中的一个环节。试想如果只能选择一颗葡萄，则两人可能会做出相同的行为，此时所显示的也就是与相应“物品”客观优劣直接相关的偏好，它也是终极的，因为只有一颗所以选择到此为止。不难理解，这与上述以不同“过程”为对象的偏好意指并不相同。当然，这里还应重申的是，以上解释必须基于前述的条件：两种人需要对葡萄的评价标准达成一致，并且都能准确辨识葡萄的优劣，这便使他们在信息或认知上面临同样的约束。在这样的条件下，两者经由完整的选择过程才显示了各自的偏好，进而也能加以比较。总之，从显示偏好的角度来看，“选择”必须是完整的。这又在很大程度上取决于相关研究目的。在本例中，研究者应该厘清所要观察、比较的是“对什么的偏好?”是葡萄本身的本质，还是吃葡萄的过程?如果就此尚不明确，至少也应保持观察的耐心，不要急忙做出结论。否则，一旦将对好、坏葡萄的选择和对渐苦、渐甜过程的选择混为一谈，其间的两类偏好将无法正确显示。①

就以上分析作一简要总结。在理性原则的支配下，经济学中的偏好只能由选择排序定义，或者说偏好必由选择显示，无论其中有何难度。究其原因主要在于：经济学中的偏好并非仅指某种心理上的意愿、向往等，而必须引发可以显现的行为（选择），当然也包括在出现新的可能性时“选择”保持现状。只有如此，才可能成为经济解释的对象，或者才需要从经济学的视角下加以解释。当然，同样不可否认的是，通过选择获知偏好也必须保持高度谨慎，行为者所受到的约束条件（特别是预算之外的条件）、中间偏好与最终偏好的分别，以及如何界定选择等都会影响到相应的显示机理。因此也可以说，选择，尤其是单次的“拣选”，不一定能正确地显示偏好，而应根据研究动机的不同，观察在相关条件（如约束条件和环境）变化时，行为发生的改变，并需要判断选择是否已完全展开，还是仅呈现了其中的片段。由此也可以认为，选择是偏好得以显示的必要条件，但不是充分条件。

① 类似地，普特南举例论证的对选择“自主性”的关心也是这种混淆的后果，即当某甲对A、B两种选项的偏好无差异时，如果在此情况下他人要将其中一个选项直接分派给甲，这会损及后者的自主性。出于对这种可能性的担忧，某甲还是在两个选项中做出选择，如A。此时，并非表明其对A、B无差异的偏好发生改变，而是表明其偏好自主选择而非被人指派。然而从其表述看，普特南似乎并未意识到这是两种截然不同的选择，而是将之混为一谈：其一为选择A或B；其二为自主选择还是不自主地被动接受。显然，两者为着不同的目的，因此也对应不同的偏好对象（Putnam，2002）。

第五节 “无差异选择”的经济解释

为进一步地理解经济学中的偏好、选择与效用三者的关系，不妨借助经济学中一个常用的分析工具——无差异曲线（Indifference Curve）来进行说明。该曲线表现为无数条不相交的、从左至右向下倾斜的曲线，各自对应于能够带来相同效用水平的若干消费品组合，因此又被称为“等效用曲线”。暂时地，如约束条件允许或不考虑约束，消费者会始终在一个对应于更高效用水平的无差异曲线上选择商品组合。从图 6-1 可见，如果消费者选择了 C 点对应的由 a、b 两种商品构成的组合，而非 E、A 或 B，那么其原因在于：或是由于其更加偏好 C 组合，也就是通过选择 C，从而显示了对之的偏好（相较于 E、A、B 等）；或是从另一角度看，消费者认为 C 能够带来较之于其他选项更高的效用（可由 U3>U2>U1 表示）。然而正如上述，无论如何，这两种解释或表述都是基于理性原则展开的，具有内在的一致性，甚至可说是等价的。

接下来，如果考虑最常见的消费约束条件——预算（以预算线 P 表示，可以理解为能够用于购买 a、b 商品组合的货币量），此时消费者仅可以在 A、E、B 三点选择，而原来的 C 选项由于超出其预算，而非偏好改变或对应的效用降低被排除在外。在理性原则之下，由于消费者总是在允许的范围内通过选择显示其偏好顺序或者最大化其效用，E 点便是当然之选。这也表明了对 E 点的偏好强于 A、B，或带来的效用（以 U2 表示）高于后两种组合（同为 U1）。应当注意的是，正如一般教科书所展示的，此时的预算线 P 仅与一条无差异曲线相切于点 E，从而使之成为唯一符合理性的，即经济学唯一可能解释的选择。

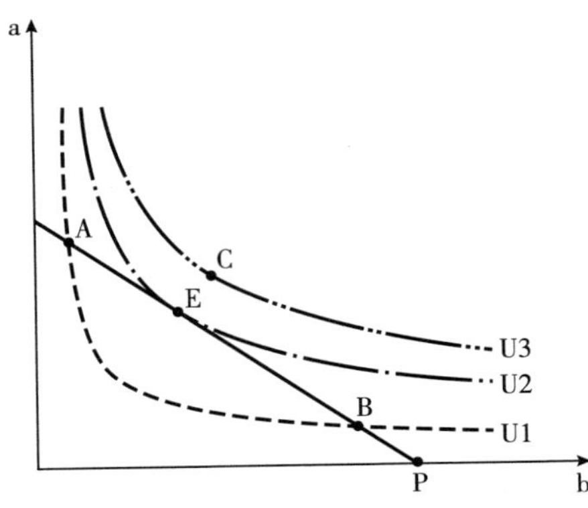

图 6-1 无差异曲线的基本逻辑

资料来源：笔者自制。

换言之，正是这种唯一性保证了相关选择都处于经济解释的“可控”范围之内。在现实或逻辑层面，当然也并非一定如此。例如，考察一种在教科书中鲜见的情形，如图 6-2 所示，当预算约束不变①、对应于最大效用水平的选择并非唯一时，或更为技术化地表述为在此区间内 a 和 b 两种商品的“边际替代率”（Marginal Rate of Substitution）保持不变时，经济解释便会遭遇困难。图示中消费者对 A、B 两种组合的偏好无差异（A∽B），或指对应的效用水平相等，注意这并不违反完备性公理，但如果该人实际上做出了某种“选择”，如 A，则此时并不能应用显示偏好的原理来断定对 A 的偏好强于 B，即 A>B。然而，此例实际上并不构成对这一理论的有效反证，因为其失效完全由于事先给出的如下假定，即：根据定义，在同一条无差异曲线（等效用曲线）上的两点，如 A、B，必然对应于相同的效用水平。在这一前提下，如果再行“选择”，当然无法显示相应的偏好。从某种意义上讲，此时消费者的“所为”甚

① 此假设指总预算和两种商品的价格均未变，因此，从图示角度来看，预算线既不会平移，也不会旋转。

至不能称为“选择”或者米塞斯所指的“行动”（见本书第二章），而只能是无目的的“随机乱拣”。换言之，我们无非是“盗用”了经济学中“选择”这一用词，并强行使之同偏好、效用，乃至目的性脱离关系。进一步地，基于前述的理性原则对经济学的支配，对之的经济解释也无从谈起，而只能进行某种无理解的、不明就里的外在描述，如“我们观察到在给定预算和价格的条件下，该人消费组合中 a 和 b 两产品的数量发生了变化，但其总效用水平保持不变”，仅此而已！因而在这一意义上，面对这种“无差异”时，经济学也就此退场了。更加形象地说，对于经济学家而言，在给定约束条件的情况下，消费者在同一条无差异曲线上进行所谓的选择，简直是一种超脱其常理、无法用经济学思维进行解释的“神迹”（Miracle）。[①] 就此或者又可以做一思想实验：如果将图 6-2 中 A、B 两点的状态分别对应于一只猫的生死，则对于经济学家而言，此猫也类似于因为量子纠缠而处于非生非死、亦生亦死状态下的“薛定谔之猫”。总之，无论是否情愿，这种既可行又在效用上无差异的“选择”已经超出了经济学逻辑的涵盖范围。类似地，在相应的均衡分析中，经济学家也只能就此止步，但似乎很少有人思考为何不再进一步。例如，同样在消费者理论中，面对多种待选商品，当每一单位货币的消费带来的边际效用相等时便实现了所谓的均衡与最优（“等边际法则”），即最大限度地实现了消费者在预算之内的效用最大化。此时，经济分析也告完成：经济学家不再讨论、解释、预测在此种条件满足后进行的商品或商品组合之间的“选择”，而似乎仅能回应到：“随便哪个都可以且都有可能！”这当然不再是经济分析。面对如此的无差异“选择”，一个绝对忠于其专业逻辑的经济学家的境遇实际上与那只绝

① 实际上，为避免这种“神迹”，在相关的消费者理论中一般还会加入无差异曲线具有“严格凸性”（Strict Convex）的假设，这意味着两种商品的边际替代率始终沿着曲线递减。究其原因在于某商品的边际效用会随着其消费量的增加而减少，因此为维持总效用水平不变，会放弃较多单位的本已消费较多的商品，换取另一种商品（平狄克、鲁宾费尔德，2000）。

对“理性”的“布里丹之驴”相差无多，后者因为无法在两个离自己等距的草垛中做出选择以至饿死，而经济学家也会在两种效用相等的选项间手足无措。最后，以上的分析也可借用维特根斯坦的更加哲学化的表述加以理解，即在预期效用上无差异的选择已经超出了经济学家的语言所及，进而成为必须保持沉默的“不可说之物”（维特根斯坦，1996）。当然，在某种冲动下，对之的“眺望”甚至尝试性的言说，即思考，正好可以帮助经济学家感悟其自身专业的局限。

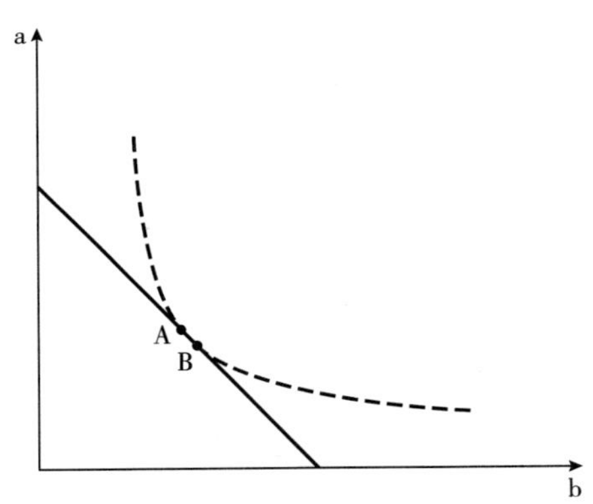

图 6-2　无差异的选择——“神迹”

资料来源：笔者自制。

第七章　结语：经济学的边界及其超越

“理智的最后一步就是要承认有无限的事物是超乎理智之外的。”（帕斯卡尔《思想录》）

“哲学应当从内部通过能思考的东西为不能思考的东西划定界限。”（维特根斯坦《逻辑哲学论》）

本书首先提出和论证了一个看似简单，但又被普遍忽视、误解，甚至常被否定的观点，即从其本质来看，经济学总是以必然理性，或必然可以被理性化的行为作为其对象，因此终究可以还原为一门关于理性人或其理性选择的学科。这一作为经济学“前因”的身份属性在其学科产生时即被给定，进而刻画了其种种“所为”之中的共性。实际上，当各类异彩纷呈的经济学“流派”声称基于不同前提预设、关注不同行为特质、提出不同学理解释时，无非都是在对其研究对象（无论是追逐自身物质利益，还是寻求马斯洛所谓的“自我实现”，乃至更为一般的有目标而又受约束的行为），进行某种“理性化”的处理。进而言之，凡基于经济学视角下的解释都遵循同样的底层逻辑，即将相关对象纳入“理性原则”的框架或“加工盒”之内，并以此使研究者“神入”

其对象，以至实现理解，如从事资源配置或市场交易等行为。需要强调的是，在这一过程中，这种一般意义上的经济解释既基于先验的、非历史的、纯粹抽象的理性形式，也需要与之对应的关于目标与约束条件的具体的、因时因地有别的经验内容。因此，经济学是先验演绎和经验归纳的综合体，这可能也是培根所谓的既能收集又会加工的“蜜蜂”的智慧所在。至于日益受到关注的所谓“非理性”现象，如果就其狭义而言，大体可以归结为在主流的新古典版本“理性人”概念上的拓展丰富；而如果就其广义而言，则可能超出了经济学的考察范围和能力。试想如果在解释之前即认为该对象既不受“手段—目的”理性的支配，又无法将之视作“好似”受此支配，则对于经济学家来讲，就是不可解释之物。对此再进行经济解释不仅在经验上，而且在逻辑上也陷于矛盾。既然已经认为无原因，为何又要找原因呢？所以，对于经济研究对象而言，可谓因其理性，故得解释！

在澄清了经济解释的这一本质特征的基础上，本书转向了这门学科的“能为”和“应为”，并特别论述了由此所引致的一系列“理当如此”，但却经常“出人意料”的推论。例如，经济学在理论和政策中有何用途？其对现实世界的影响几何，又该为什么负责？这门学科为什么可以被视为一种修辞术或规劝法？实证与规范经济学是否可以截然两分？其中体现的道德性与价值中性又能否统一？理性与偏好有什么关系？偏好又如何通过选择得以“显示”？……此类重要问题虽然常被经济学家热议，但又看似彼此无关，故而相关讨论往往缺乏统一的系统把握，甚至不免支离破碎！然而，根据本书的阐发，对以上看似孤立的问题的理解与回答都可以从理性或理性人在经济学中的地位作用出发。其背后的核心思路可以被形象地表述为经济学借助理性人展开其逻辑，理性人则为经济学划定了边界。无论是对若干经济变量“内生化”的努力，还是其帝国主义式的“开疆拓土”，抑或对“非理性”行为的关注，经济学都未能跳脱此种界域。同样，这一学科承载的实证与规范的双重属性，

作为道德学与工程术的双重身份都被这位隐形的“主宰者”所赋予。而其扩展认知、改进决策等用途的发挥也全在这一边界之内，并经由对理性人如何选择所产生的影响加以显现。自然地，经济学相应的功过得失也据此评判。

笔者大略总结了上述的基本观点（见图 7-1）。

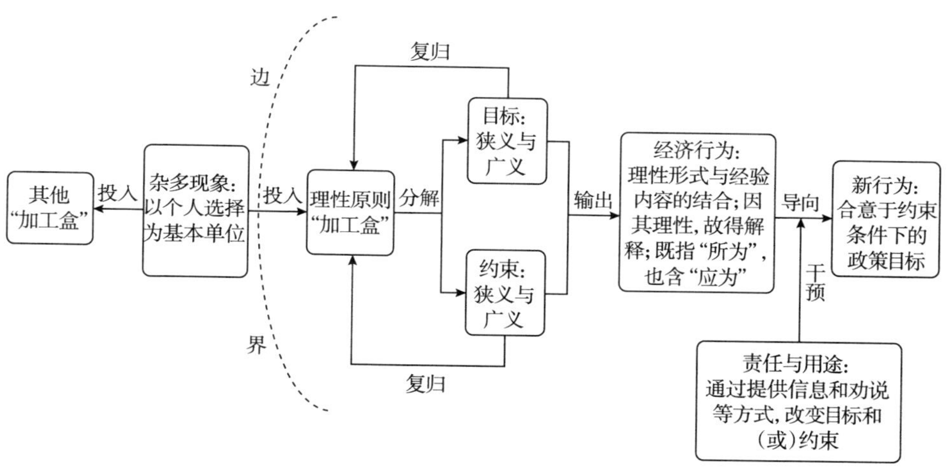

图 7-1　经济研究的“源代码”

资料来源：笔者自制。

基于以上对经济研究底层逻辑或“源代码”的认识，本书更为抽象的要旨可引申为对理性人所划定的经济学边界的澄清、批判，当然也不免有“冲撞”。那么，一个学科或一个认知体系的“边界”为何如此重要？从更为广阔的历史视域可见，澄清“边界”的意义早已深入人心。例如，在古罗马神话中，就有专司保卫边界的特尔米努斯神（Terminus），其常被塑造为无手无脚（寓意不可移动）的石像，矗立于边界之上以为标识。① 及至近世，作为德国

① 在主要的西方语言中，边界之神特尔米努斯的名称也衍生出许多相关词语，如在英语中，“终点”“使终结”和“终结者”分别为“Terminus”“Terminate”和“Terminator”。

古典唯心论的奠基者，康德即围绕“我能知道什么?”这一主线展开了对人类理性的系统批判，并以此限定了认识的边界，从而也使理性与信仰、科学与宗教、自然与道德各安其所。作为20世纪最伟大的哲学家之一，维特根斯坦的研究主题在某种意义也可以归结为划定语言（思想）的边界，本章的引文即清晰地表达了这一天才之论。此外，可能更被方法论研究者熟知的是，其奥地利同乡与论敌波普尔阐发的科学哲学的要义也在于通过可证伪性在科学与非科学之间划出边界。

正是在以上的概念与讨论的启发之下，本书聚焦于经济学，特别是经济解释的边界，希望通过对其的勘察，减少、避免对经济学的误信与误用，并指出能更好地发挥其有用性的途径。从这一角度看，本书也将如下看似孤立的“康德式”问题系统地联系起来，即在被给定的专业分工领域之内，经济学的认知边界在哪里？经济解释如何可能？经济学应该做什么？人们对之又能期望什么？

需要声明的是，在复杂而严峻的现实背景下，对经济学边界等本质且抽象问题的探求绝非是一次如罗蒂所指的思想“治疗”[①]，而是一项具有重要现实意义的，甚至可谓紧迫的理论工作。它通过对自身概念之网的统观，并主动反思其合理性及局限，旨在打破由于不自知和不为人知而给经济学带来的某种虚幻的职业荣誉感，同时也免遭不可承受之重。特别地，经济学作为理性选择学说的属性，一方面不应在“好年景”时贪天之功，以为经济实践的成功主要得益于经济理论的所谓“正确”指导。如上文所述，关于此种从高深研究到良好经济表现之间的因果性至今缺乏令人信服的证据。另一方面不必在“坏年景”时承揽超过自身能力的责任，就如一些经济学家经常标榜或被认为具有预测和避免经济危机的“神力”，又不得不面对来自现实的毫无情面的

① 需要注意的是，此处的借用并不严格。在对认识论（Epistemology）的批判中，罗蒂所关注的对象是一般性的哲学和自然科学知识。

回击。

从本书的论述可知，经济学所能做的，或许也是只应做的，仅是在自己的“地盘”里尽其职责与本分，即以约束条件下的效用最大化为视角，对人类行为提供一种理解框架，并以此做出合意的改变。对照现实与之的偏差，正好可以明确各种“外生”因素在经济活动中所扮演的角色。就此，不免让人想起道金斯（2018）的告诫，这位当代著名生物学家和意见领袖在其名著《自私的基因》中指出，对人类（或者基因）自私本性的阐释，并不是要宣扬自私，而是要说明如果希望人们成为善良慷慨、有同情心、富责任感的公民，必须从后天的教育、培养等生物本性之外加以努力。此理对于经济学发挥其功用也完全适当。实际上，明确经济学的边界，并非为了凸显这一学科有何种特殊“能力”或“缺陷”，而更在于为“经济学之外”留出地盘，即对人类行为，哪怕仅是狭义的生产、交换等经济活动的深入认知以及朝向某个目标的改进，都有赖于经济学和社会学、心理学、历史学、人类学、生物学等众多其他学科的交流互鉴。无论本书能否很好地完成或服务于这一任务，这始终是笔者的初心。因此，本书不应被理解为批评经济学无用的嘲讽之辞，或是“业内人士”为经济学的自我辩护，类似两种观点都充塞在近年的肤浅的方法论反思之中。与这种简单褒贬迥异的是，本书可谓一种在认识经济学本质，特别是澄清其局限性基础之上的“批评”与“辩护”的统一。就此，如本章开篇所引用的，帕斯卡尔（1985）在其不朽的《思想录》中的告诫虽已年代久远，但却依旧熠熠生辉，充满启发。本书所希冀的，也正是为经济学开启这所谓的“理智的最后一步”！

在一项研究的结语部分对相关主题进行展望是常见并且恰当的，本书不妨因循这一惯例。然而，此处描绘的关于经济学前途进路的色调可能令多数同行失望，尤其是经常借助“加总”的宏观经济学家和信心满满的经济学“帝国主义者”。在很大程度上，斯密以来的经济学是“现代化”（无论就此概念如何理解与评价）这一持续了200余年的宏大叙事与历史进程的组成部分，也是对其的一种思想上的把握。那么，随着经济社会的发展，各种“后现代主义”状态或视角不断呈现（利奥塔尔，1997），经济学的处境也会变得尤为尴尬。面对这种深刻的转型之困，先发的后现代化国家可谓首当其冲。在那里，经济学已经不再是什么显赫学科。不难理解，当在此前历史条件下（特别是工业化）单向度的、工具性的、作为生产要素投入的劳动力或“人力资本”变为新背景下多向度的，以其自身为目的的“人”时①，人们的效用目标（包括道德规范等约束）也会日益呈现出多元化、分散化、难以量化、不可通约等特征。对此，马克思在《德意志意识形态》中关于未来共产主义社会的描述，实际上也在某种程度上同这种后现代，甚或“历史之后”的时代精神相契合，即人们不再受到非自愿分工的制约，而是成为一个可能有时从事渔猎，有时进行哲学批判的全面自由发展的新人（马克思和恩格斯，1995）。不难设想，对于这种由不同价值体系塑造的，曾被韦伯在一个世纪前就敏锐指出的“诸神之战”般的场景，迄今为止经济学家赖以描述理性人行为的效用函数、约束条件，以及相关的各种方法工具恐将逐渐丧失用武之地。或者更宽泛地讲，此时聚焦于人之“共性”的经济学，当然也包括其他如此这般的关于人的所谓“社会科学”，可能面临空前的方法论危机。这既发生在一般的抽象层面，又出现在具体的方法层面。因为，至少就目前的学科形态而言，经济学等学说必须基于可量化通约的单一价值体系方能展开（无论是借助古典作家关注的劳动还是现在的货币），而对各种个体层面的复杂行为的研究拓展也无法根本摆

① 颇具讽刺意味的是，当舒尔茨（Schults）和贝克尔等在20世纪60年代构设“人力资本”理论时（舒尔茨，2020），这一概念赖以存在的社会环境，至少在先发国家之中，似乎已行将瓦解。至少从其理想导向来看，教育的主要功能正在缓慢地从传授谋生技巧乃至为亲辈提供养老保障转向“使人成为人”。从这一角度看，舒尔茨等的理论，尽管具有重要的理论和政策价值，但也可谓是一种对现代社会条件下的“工具人”的挽留！就此还值得一提的是，与之基本同时代的E. 舒马赫在佛学教义的启发之下，强调了教育、劳动对价值观念乃至人性提升的意义。相比之下，其立意远远高于“人力资本”理论，但也更难被技术“处理”，故而在经济学中的影响大不如前者（舒马赫，1984）。

脱这种本质上的“一神论”。由此，经济学的底层逻辑与追求个性、摆脱异化、拒绝被“定义”，并以之彰显人之价值与尊严的新的时代特征日渐疏离，乃至抵触。不幸的是，对这一攸关学科前途命运及其历史性变迁的深刻议题，多数经济学家特别是来自经济学备受重视的新兴现代化国家的学者却显得异常迟钝，他们虽然暂时受益于较为单一的社会价值观，却宛如温水中的青蛙不知危机将临，甚至还时常嘲笑那些发出警告的同伴。

当然也应注意到，如所谓“幸福经济学”“人文经济学”，以及与之相关的多元化的衡量经济社会发展水平等研究也可属于“聊胜于无”的探索。但是，从相关论者对经济学的本质和其所处的后现代状况的忽视、曲解可以推知，这种转型虽然值得鼓励但也注定凶多吉少！例如，从经济学的首要主题之一——“发展”来看，当我们超越“消费”这一主流的单一效用变量，转向以多维指标构成的“幸福”，并据此进行评价乃至决策时，可能已经开启了不幸之门！面对这一悖论，我们甚至可以说，在新的时代背景下，经济活动的目标将会导向“不可测为美”![1] 相应地，多维的发展成果度量通常以取代或丰富现有的国民经济核算体系为目的，往往虽有一时的“鼓噪”，但目前来看，其实质性的学术和现实影响力终归十分有限。其中的原因似乎并不复杂但却难以避免：指标设定常常有赖于主观臆断，且不易量化比较，更难带动相关政策的“落地”。值得玩味的是，以上探索虽在近年来颇受关注，甚至被奉为摆脱GDP崇拜，实现包容、全面、可持续发展的良途[2]，但其背后的理念仍旧不能逃脱前文提及的“成为可通约的，否则就消失”的信条，亦即力图将一切纳

---

① 改用自舒马赫的“小为美”（Small is Beautiful）。这一简洁有力的论断旨在批判在西方国家率先形成的现代生产和消费方式。

② 其中影响较大的有联合国在20世纪90年代创设的“人类发展指数”（Human Development Index）。其主要考量即为前述的收入、寿命与教育三种因素（见图5-2）。此外，在时任法国总统萨科齐的倡议下，由斯蒂格利茨（Stiglitz，2009）等撰写了关于衡量经济表现和社会进步的研究报告。另见科伊尔（2016）对经济福利衡量测度的讨论。

入到可量化、通常也是中心化的统一“标准”之中。因此，这一所谓面向未来的，更加关注人的全面发展的研究纲领，周身却散发着浓重的20世纪，甚至19世纪下半叶的机械性的理性味道，简直是一种对机器化大生产记忆的重现。不过，这对于经济学家来说却也不足为奇。他们的学科基本上就是“那个”时代的产物，所以将之称作一种即将过时的“现代化的技艺”亦不为过！

又如，对于经济研究的另一大主题——“分配”而言，经济研究所赖以展开的可公度的测量同样也遭遇了难以克服的困难。迄今为止，无论是基尼系数还是人口份额等常见的分配指标通常都是基于可以货币化的收入或财富，从而忽略了其他维度的分配状况。特别是在生产力快速进步的背景下，此类指标具有明显的局限性。有估算显示，从20世纪70年代末以来，美国顶层收入、财富人群（如前1%）在全体国民收入、财富总额中的占比显著上升，中低层人群（如后40%）的相应比例则持续下降。更有甚者，对于受教育程度较低的普通工人而言，其经过通胀调整的平均工资竟然低于1979年的水平（Piketty，2019；班纳吉、迪弗洛，2020）。这种现象当然值得高度重视，但如果据此得出普通民众没有分享到发展成果，进而认为其生活质量出现相对甚至绝对的下降则是武断且片面的。一方面，显而易见的是，得益于科技、公共服务的进步，后一类人群整体上的生活水平在许多方面已经较数十年前大为改善，如消费品种更多样、通行通信更便利、知识信息更丰富等，但这一切均难以被货币、通胀指数或其他常用经济指标加以衡量。另一方面，至于各类人群在上述维度的相对差距，人们则知之甚少，并且同样难以用可公度的指标综合衡量，往往只能一事一论。总之，面对以上的分配测度难题（当然绝不仅限于美国之例），经济学家应当坦承这是其力所难逮之事，而不是急忙地做出结论。至少，他们需要澄清，其所测算、讨论的不过是“分配”中的一个维度，即“货币分配”，而其中的主因在于可公度的货币使理性原则得以适用。但可以想见，现代化乃至后现代的发展演进，将给分配以更为丰富的意涵和维度。对

之的衡量，恐非货币或是其他公度指标所能胜任。如此一来，此类问题也将超出经济学的范围，当然这绝不意味着其重要性的降低！

限于主题，本书对经济学的这种时代转型困境，或者说“后现代不适症”仅点到为止，但需要提醒的是，“适者生存”的法则同样作用于经济学，而经济学始终无法摆脱作为理性选择学说的身份印记。对新的社会文化环境的适应、调整及相应演化无疑关系到这一学科的不远的未来，因而也理应在今后的方法论研究中占据重要一席。否则，当我们将经济学置于人类整体知识与文化体系的背景之中并对之加以“历史地”审视时，可能会想见这样的忧伤前景：随着其曾经赖以兴盛的现代社会条件的消散，经济学虽不至终结，但却难免黯然走下王座，沉沉老去。甚或终有一天，其曾有的勃勃生机，乃至辉煌鼎盛也会被视作一种与现代社会相伴生的短暂的“文化现象”。这是否成为其他学科之幸或未可知，但这位昔日的王者则不免陷入哀伤的回忆，久难释怀。当然也许更加可悲、可叹的是，由于缺乏自知之明，他却并不知晓为什么会落入这般田地！

参考文献

中文文献

[1] 阿比吉特·班纳吉、埃斯特·迪弗洛，2020，张缘、蒋宗强（译），《好的经济学》，中信出版集团。

[2] 阿尔弗雷德·马歇尔，2009，朱志泰（译），《经济学原理（上卷）》，商务印书馆。

[3] 艾耶尔，2015，尹大贻（译），《语言、真理与逻辑》，上海译文出版社。

[4] 芭芭拉·塔奇曼，2016，孟庆亮（译），《愚政进行曲：从木马屠城到越南战争》，中信出版集团。

[5] 保罗·法伊尔阿本德，2007，周昌忠（译），《反对方法：无政府主义知识论纲要》，上海译文出版社。

[6] 保罗·科利尔，2020，刘波（译），《资本主义的未来》，上海三联书店。

[7] 保罗·米尔格罗姆，2020，韩朝华（译），《价格的发现：复杂约束市场中的拍卖设计》，中信出版集团。

［8］保罗·萨缪尔森、威廉·诺德豪斯，1992，高鸿业等（译），《经济学》（第12版），中国发展出版社。

［9］查尔斯·斯蒂文森，1997，姚新中等（译），《伦理学与语言》，中国社会科学出版社。

［10］大卫·李嘉图，2014，郭大力、王亚南（译），《政治经济学及赋税原理》，译林出版社。

［11］戴安娜·科伊尔，2016，李成、赵琼（译），《高尚的经济学：经济学为什么如此重要，经济学家究竟在做什么?》，中信出版社。

［12］戴维·多伊奇，2019，王艳红、张韵（译），《无穷的开始：世界进步的本源》（第2版），人民邮电出版社。

［13］丹尼·罗德里克，2016，张军扩、侯永志（译），《一种经济学，多种药方：全球化、制度建设和经济增长》，中信出版集团。

［14］丹尼尔·卡尼曼，2012，胡晓娇、李爱民、何梦莹（译），《思考，快与慢》，中信出版社。

［15］道格拉斯·欧文，2019，余江、刁琳琳、陆殷莉（译），《贸易的冲突：美国贸易政策200年》，中信出版社。

［16］迪尔德丽·麦克洛斯基，2018，沈路、陈舒扬、孙一粱（译），《企业家的尊严：为什么经济学无法解释现代世界》，中国社会科学出版社。

［17］蒂姆·罗根，2020，成广元（译），《道德经济学家：R. H. 托尼、卡尔·波兰尼与E. P. 汤普森对资本主义的批判》，浙江大学出版社。

［18］费奥多尔·陀思妥耶夫斯基，2015，臧仲伦、曾思艺（译），《陀思妥耶夫斯基集：地下室手记》，上海三联书店。

［19］弗里德里希·哈耶克，1989，贾湛、文跃然等（译），《个人主义与经济秩序》，北京经济学院出版社。

［20］弗里德里希·哈耶克，2012，冯克利（译），《科学的反革命：理性

滥用之研究》，译林出版社。

［21］赫伯特·巴特菲尔德，2012，张岳明、刘北成（译），《历史的辉格解释》，商务印书馆。

［22］赫伯特·西蒙，2016，胡怀国、冯科（译），《人类活动中的理性》，广西师范大学出版社。

［23］黑格尔，1961，范扬、张企泰（译），《法哲学原理：或自然法和国家学纲要》，商务印书馆。

［24］亨利·罗伯特，2015，袁天鹏、孙涤（译），《罗伯特议事规则》（第 11 版），格致出版社。

［25］亨利·彭加勒，1997，叶蕴理（译），《科学与假设》，商务印书馆。

［26］加里·贝克尔，1995，王业宇、陈琪（译），《人类行为的经济分析》，上海三联书店。

［27］卡尔·波普尔，1998，何林、赵平等（译），《历史主义贫困论》，中国社会科学出版社。

［28］卡尔·波普尔，2008，查汝强、邱仁宗（译），《科学发现的逻辑》，中国美术学院出版社。

［29］卡尔·门格尔，2007，姚中秋（译），《经济学方法论探究》，新星出版社。

［30］康德，1960，蓝公武（译），《纯粹理性批判》，商务印书馆。

［31］克洛德·列维-斯特劳斯，2012，渠敬东（译），《图腾制度》，商务印书馆。

［32］理查德·道金斯，2018，卢允中、张岱云、陈复加、罗小舟、叶盛（译），《自私的基因》（40 周年增订版），中信出版集团。

［33］理查德·罗蒂，2003，李幼蒸（译），《哲学和自然之镜》，商务印书馆。

［34］林毅夫，2012，《本体与常无：经济学方法论对话》（第 2 版），北京大学出版社。

［35］卢梭，2018，李平沤（译），《政治经济学》，商务印书馆。

［36］罗伯特·平狄克、丹尼尔·鲁宾费尔德，2000，张军、罗汉、尹翔硕、谢识予（译），《微观经济学》（第 4 版），中国人民大学出版社。

［37］罗伯特·希勒，2016，李心丹等（译），《非理性繁荣》（第 3 版），中国人民大学出版社。

［38］马克·布劳格，2018，姚开建（译），《经济理论的回顾》（第 5 版），中国人民大学出版社。

［39］马克思、恩格斯，1995，《马克思恩格斯选集（第 1 卷）》，人民出版社。

［40］马克斯·韦伯，2010，阎克文（译），《经济与社会》，上海人民出版社。

［41］马克斯·韦伯，2013，韩水法、莫茜（译），《社会科学方法论》，商务印书馆。

［42］米歇尔·福柯，2016，汪民安（译），《什么是批判：福柯文选Ⅱ》，北京大学出版社。

［43］尼采，2017，周弘（译），《论道德的谱系：一篇论战檄文》，生活·读书·新知三联书店。

［44］欧内斯特·内格尔，2015，徐向东（译），《科学的结构》，上海译文出版社。

［45］帕斯卡尔，1985，何兆武（译），《思想录——论宗教和其他主题的思想》，商务印书馆。

［46］培根，2009，许宝骙（译），《新工具》，商务印书馆。

［47］钱钟书，1991，《围城》（第 2 版），人民文学出版社。

［48］乔尔·莫克尔，2020，曾鑫、熊跃根（译），《启蒙经济：英国经济史新论》，中信出版集团。

［49］乔治·里茨尔，1999，顾建光（译），《社会的麦当劳化：对变化中的当代社会生活特征的研究》，上海译文出版社。

［50］乔治·施蒂格勒，2018，贝多广、刘泸生、郭治薇（译），《经济学家和说教者》，格致出版社、上海三联书店、上海人民出版社。

［51］让-弗朗索瓦·利奥塔尔，1997，车槿山（译），《后现代状态：关于知识的报告》，生活·读书·新知三联书店。

［52］让·鲍德里亚，2014，刘成富、全志刚（译），《消费社会》，南京大学出版社。

［53］萨特，2014，陈宣良等（译），《存在与虚无》，生活·读书·新知三联书店。

［54］萨伊，2017，陈福生、陈振骅（译），《政治经济学概论：财富的生产、分配和消费》，商务印书馆。

［55］莎士比亚，2014，朱生豪（译），《罗密欧与朱丽叶》，中国青年出版社。

［56］舒马赫，1984，虞鸿钧、郑关林（译），《小的是美好的》，商务印书馆。

［57］斯拉沃热·齐泽克，2017，季广茂（译），《意识形态的崇高客体》（第2版），中央编译出版社。

［58］斯坦尼斯拉夫斯基，2017，陈莜慕（译），《演员自我修养》，民主与建设出版社。

［59］唐纳德·戴维森，1993，牟博（编译），《真理、意义、行动与事件——戴维森哲学文选》，商务印书馆。

［60］托马斯·库恩，1981，纪树立、范岱年、罗慧生等（译），《必要的

张力：科学的传统和变革论文选》，福建人民出版社。

[61] 托马斯·库恩，2012，金吾伦、胡新和（译），《科学革命的结构》（第四版），北京大学出版社。

[62] 托马斯·皮凯蒂，2014，巴曙松、陈剑、余江、周大昕、李清彬、汤铎铎（译），《21世纪资本论》，中信出版社。

[63] 威拉德·蒯因，1987，江天骥、宋文淦、张家龙、陈启伟（译），《从逻辑的观点看》，上海译文出版社。

[64] 韦德·汉兹，2009，段文辉（译），《开放的经济学方法论》，武汉大学出版社。

[65] 维特根斯坦，1996，贺绍甲（译），《逻辑哲学论》，商务印书馆。

[66] 维特根斯坦，2016，陈嘉映（译），《哲学研究》，商务印书馆。

[67] 西奥多·舒尔茨，2020，吴珠华（译），《对人进行投资》，商务印书馆。

[68] 亚当·斯密，1996，郭大力、王亚南（译），《国民财富的性质和原因的研究》，商务印书馆。

[69] 亚当·斯密，2017，蒋自强、钦北愚、朱钟棣、沈凯璋（译），《道德情操论》，商务印书馆。

[70] 亚里士多德，2007，王旭凤、陈晓旭（译），《尼各马可伦理学》，中国社会科学出版社。

[71] 杨春学，1998，《经济人与社会秩序分析》，上海三联书店。

[72] 伊曼纽尔·赛斯、加布里埃尔·祖克曼，2021，薛贵（译），《不公正的胜利：富人如何逃税？如何让富人纳税?》，中信出版集团。

[73] 伊姆雷·拉卡托斯，2005，兰征（译），《科学研究纲领方法论》，上海译文出版社。

[74] 尤尔根·哈贝马斯，2004，曹卫东（译），《交往行为理论（第一

卷）：行为合理性与社会合理化》，上海人民出版社。

[75] 约翰·科姆洛什，2022，郭荣星、郭昌雷、杨书等（译），《重新认识经济学：真实世界的经济学基础》，文汇出版社。

[76] 约翰·梅纳德·凯恩斯，1983，徐毓枬（译），《就业利息和货币通论》，商务印书馆。

[77] 约翰·梅纳德·凯恩斯，2016，蔡受百（译），《劝说集》，商务印书馆。

[78] 约翰·穆勒，2012，张涵（译），《论政治经济学的若干未定问题》，商务印书馆。

[79] 约翰·穆勒，2019，徐大建（译），《功利主义》，商务印书馆。

[80] 约瑟夫·熊彼特，2017，朱泱、孙鸿敞、李宏、陈锡龄（译），《经济分析史》（第 1 卷），商务印书馆。

[81] 詹姆斯·芬利森，2015，邵志军（译），《哈贝马斯》，译林出版社。

[82] 詹姆斯·穆勒，2010，吴良健（译），《政治经济学要义》，商务印书馆。

[83] 张五常，2015，《经济解释》（增订本），中信出版社。

外文文献

[1] Akerlof, G. (2020). Sins of omission and the practice of economics. *Journal of Economic Literature*, 58 (2), 405–418.

[2] Alchian, A. (1950). Uncertainty, evolution, and economic theory. *Journal of Political Economy*, 58 (3), 211–221.

[3] Allais, M. (1953). Le comportement de l'homme rationnel devant le risque: Critique des postulats et axiomes de l'Ecole Américaine. *Econometrica*, 21 (4), 503–546.

[4] Ariely, D. (2008). *Predictably Irrational: The Hidden Forces That Shape Our Decisions*. New York: Harper Collins Publishers.

[5] Ariely, D. (2009). The end of rational economics. *Harvard Business Review*, July-August, 78-84.

[6] Atkinson, A. B. (2011). The restoration of welfare economics. *American Economic Review, Papers and Proceedings*, 101 (3), 157-161.

[7] Backhouse, R. (2004). *New Directions in Economic Methodology*. London and New York: Routledge.

[8] Backhouse, R. & Medema, S. (2009). Defining economics: The long road to acceptance of the Robbins definition. *Economica*, 76 (s1), 805-820.

[9] Barro, R. & Sala-I-Martin, X. (2004). *Economic Growth* (2nd Edition). Cambridge, MA: The MIT Press.

[10] Becker, G. (1996). *Accounting for Tastes*. Cambridge, MA: Harvard University Press.

[11] Becker, G. & Murphy, K. (1988). A theory of rational addiction. *Journal of Political Economy*, 96 (4), 675-700.

[12] Bhagwati, J. (2011). Markets and morality. *American Economic Review, Papers and Proceedings*, 101 (3), 162-165.

[13] Blanchard, O., Romer, D., Spence, M., & Stiglitz, J. (2012). *In the Wake of the Crisis: Leading Economists Reassess Economic Policy*. Cambridge, MA: The MIT Press.

[14] Blaug, M. (1992). *The Methodology of Economics, or How Economists Explain* (2nd Edition). Cambridge: Cambridge University Press.

[15] Blaug, M. (2001). No history of ideas, please, we are economists. *Journal of Economic Perspectives*, 15 (1), 145-164.

[16] Boland, L. (1981) . On the futility of criticizing the neoclassical maximization hypothesis. *American Economic Review*, 71 (5), 1031–1036.

[17] Boulding, K. (1969) . Economics as a moral science. *American Economic Review*, 59 (1), 1–12.

[18] Bowles, S. & Carlin, W. (2020) . What students learn in economics 101: Time for a change. *Journal of Economic Literature*, 58 (1), 176–214.

[19] Buchanan, J. M. (1964) . What should economists do? *Southern Economic Journal*, 30 (3), 213–222.

[20] Camerer, C. , Loewenstein, G. & Prelec, D. (2005) . Neuroeconomics: How neuroscience can inform economics? *Journal of Economic Literature*, 43 (1), 9–64.

[21] Clarida, R. & Findlay, R. (1992) . Government, trade, and comparative advantage. *American Economic Review, Papers and Proceedings*, 82 (2), 122–127.

[22] Coase, R. H. (1978) . Economics and contiguous disciplines. *Journal of Legal Studies*, 7 (2), 201–211.

[23] Cochrane, J. H. (2009) . How did Paul Krugman get it so wrong? http: //ricardo. ecn. wfu. edu/~cottrell/ecn272/cochrane. pdf.

[24] Cochrane, J. H. (2017) . Macro–finance. *Review of Finance*, 21 (3), 945–985.

[25] Colander, D. (2009) . What was "It" that Robbins was defining? *Journal of the History of Economic Thought*, 31 (4), 437–448.

[26] Coleman, L. (2014) . Why finance theory fails to survive contact with the real world: A fund manager perspective. *Critical Perspectives on Accounting*, 25 (3), 226–236.

[27] Coyle, D. (2012). *What's the use of economics? Teaching the dismal science after the crisis* (ed.). London: London Publishing Partnership.

[28] Deaton, A. (2021). Covid-19 and global income inequality. *NBER Working Paper*, No. 28292.

[29] Djankov, S. & Panizza, U. (2020). *Covid-19 in Developing Economies*. London: CEPR Press.

[30] Dupré, J. (2007). Fact and value. in H. Kincaid, J. Dupré & A. Wylie (ed.), *Value-free Science? Ideals and Illusions*. Oxford: Oxford University Press, 27-41.

[31] Falk, A., Becker, A., Dohmen, T., Enke, B., Huffman, D. & Sunde, U. (2018). Global evidence on economic preferences. *Quarterly Journal of Economics*, 133 (4), 1645-1692.

[32] Fehr, E. & Schmidt, K. (1999). A theory of fairness, competition, and cooperation. *Quarterly Journal of Economics*, 114 (3), 817-868.

[33] Fourcade, M., Ollion, E., Algan, Y. (2015). The superiority of economists. *Journal of Economic Perspectives*, 29 (1), 89-114.

[34] Frank, R., Gilovich, T. & Regan, D. (1993). Does studying economics inhibit cooperation? *Journal of Economic Perspectives*, 7 (2), 159-171.

[35] Frey, B. S. (2006). How influential is economics? *De Economist*, 154 (2), 295-311.

[36] Friedman, B. (2011). Economics: A moral inquiry with religious origins. *American Economic Review*, *Papers and Proceedings*, 101 (3), 166-170.

[37] Friedman, M. (1953). The methodology of positive economics. In Friedman, M. (ed.), *Essays in Positive Economics* (pp. 3-43). Chicago, IL: University of Chicago Press.

[38] Green, D. & Shapiro, I. (1994). *Pathologies of rational choice theory: A critique of applications in political science.* New Haven, CT: Yale University Press.

[39] Hands, D. (1985). Karl Popper and economic methodology: A new look. *Economics and Philosophy*, 1 (1), 83–99.

[40] Hands, D. (2012). The positive–normative dichotomy and economics, in Mäki, U., Gabbay, D., Thagard, P., & Woods, J. (ed.). *Handbook of the Philosophy of Science, vol.* 13: *Philosophy of Economics.* Amsterdam: Elsevier, 219–239.

[41] Hausman, D. (2001). Explanation and diagnosis in economics, *Revue Internationale de Philosophie*, 217 (3), 311–326.

[42] Hausman, D. (2008), Why look under the hood? in Hausman, D. (ed.). *The philosophy of economics: An anthology* (3rd edition). New York, NY: Cambridge University Press, 183–187.

[43] Hausman, D. (2012). *Preference, value, choice, and welfare.* New York, NY: Cambridge University Press.

[44] Hausman, D. (2008, ed.). *The philosophy of economics: An anthology* (3rd edition). New York, NY: Cambridge University Press.

[45] Hayek, F. A. (1974). The pretense of knowledge. *Lecture to the Memory of Alfred Nobel.*

[46] Heiner, R. A. (1983). The origin of predictable behaviour. *American Economic Review*, 73 (4), 560–595.

[47] Hirshleifer, J. (1985). The expanding domain of economics. *American Economic Review*, 75 (6), 53–68.

[48] Hodgson, G. (2001). *How economics forgot history: The problem of historical specificity in social science.* London and New York, NY: Routledge.

[49] Hodgson, G. (2012). On the limits of rational choice theory. *Economic Thought*, 1 (1), 94–108.

[50] Hollis, M. & Nell, E. (1975). *Rational economic man: A philosophical critique of neo–classical economics*. Cambridge, UK: Cambridge University Press.

[51] Horstmann, I. & Markusen, J. (1992). Endogenous market structures in international trade (natura facit saltum). *Journal of International Economics*, 32 (1–2), 109–129.

[52] Huntington, S. (1993). The clash of civilization? *Foreign Affairs*, Summer, 22–49.

[53] Kahneman, D. & Tversky, A. (1979). Prospect theory: An analysis of decision under risk. *Econometrica*, 47 (2), 263–291.

[54] Keynes, J. N. (1917). *The scope and method of political economy* (4th edition). London: Macmillan.

[55] Kirzner, I. (1960). *The economic point of view: An essay in the history of economic thought*. New York, NY: Sheed and Ward, Inc.

[56] Krugman, P. (2009, September 6). How did economists get it so wrong? *The New York Times*. Retrieved from https://www.nytimes.com/2009/09/06/magazine/06Economic–t.html.

[57] Lagueux, M. (2010). *Rationality and Explanations in Economics*. London and New York: Routledge.

[58] Langlois, R. N. & Csontos, L. (1993). Optimization, rule–following, and the methodology of situational analysis. In Maki, U., Gustafsson, B. & Knudsen, C. (ed.), *Rationality, Institutions, and Economic Methodology*. London and New York: Routledge, 113–132.

[59] Lazear, E. (2000). Economic imperialism. *Quarterly Journal of Eco-*

nomics, 115 (1), 99–146.

[60] Lehtinen, A. (2013). Three kinds of "as-if" claims. *Journal of Economic Methodology*, 20 (2), 184–205.

[61] Li, C. (2019). Morality and value neutrality in economics: A dualist view. *Journal of Philosophical Economics*, 12 (2), 97–118.

[62] Li, C. (2020). The rationality principle as a universal grammar of economic explanations. *Journal of Philosophical Economics*, 13 (2), 58–80.

[63] Lucas, R. (2003). Macroeconomic priorities. *American Economic Review*, 93 (1), 1–14.

[64] Lucas, R. (2009). In defence of the dismal science. *The Economist.* Retrieved from https://www.economist.com/finance-and-economics/2009/08/06/in-defence-of-the-dismal-science, August 6.

[65] Mäki, U. (2009). Economics imperialism: Concept and constraints. *Philosophy of the Social Sciences*, 39 (3), 351–380.

[66] Mäki, U., Gabbay, D., Thagard, P., & Woods, J. (2012). *Handbook of the Philosophy of Science*, *vol.* 13: *Philosophy of Economics*. Amsterdam: Elsevier.

[67] Mankiw, G. (2013). Defending the one percent. *Journal of Economic Perspectives*, 27 (3), 21–34.

[68] Mankiw, G. (2014). *Principles of Economics* (7th Edition). Stamford CT: Cengage Learning.

[69] Mas-Colell, A., Whinston, M. & Green, J. (1995). *Microeconomic Theory*. New York: Oxford University Press.

[70] McCloskey, D. (1998). *The Rhetoric of Economics* (2nd Edition). Madison, WI: University of Wisconsin Press.

[71] McCloskey, D. & Klamer, A. (1995) . One quarter of GDP is persuasion. *American Economic Review, Papers and Proceedings*, 85 (2), 191-195.

[72] Meyer, B. (1995) . Natural and quasi-experiments in economics. *Journal of Business and Economic Statistics*, 13 (2), 151-161.

[73] Mill, J. S. (1882) . *A system of logic, Ratiocinative and inductive: Being a connected view of the principles of evidence and the methods of scientific investigation* (8th Edition) . New York: Harper & Brothers Publishers.

[74] Mises, L. von. (1949) . *Human action: A treatise on economics.* London: William Hodge and Co., Ltd.

[75] Mises, L. von. (1962) . *The ultimate foundation of economic science: An essay on method.* Princeton, NJ: D. Van Nostrand Company, Inc.

[76] Mongin, P. (2000) . Does optimization imply rationality? *Synthese*, 124 (1-2), 73-111.

[77] Moore, B. (1988) . The endogenous money supply. *Journal of Post Keynesian Economics*, 10 (3), 372-385.

[78] Munda, G. (2016) . Beyond welfare economics: Some methodological issues. *Journal of Economic Methodology*, 23 (2), 185-202.

[79] Nelson, R., (2001) . *Economics as religion: From samuelson to Chicago and Beyond.* Pennsylvania: The Pennsylvania University Press.

[80] North, D. (1981) . *Structure and change in economic history.* New York, NY: W. W. Norton & Company.

[81] North, D. (1991) . Institutions. *Journal of Economic Perspectives*, 5 (1), 97-112.

[82] Nowak, M., Page, K. M. & Sigmund, K. (2000) . Fairness versus reason in the Ultimatum Game. *Science*, 289 (8), 1773-1775.

[83] Ostrom, E. (2000). Collective action and the evolution of social norms. *Journal of Economic Perspectives*, 14 (3), 137–158.

[84] Pantaleoni, M. (1889). *Pure economics*. London: Macmillan.

[85] Phillips, A. W. (1958). The relation between unemployment and the rate of change of money wage rates in the United Kingdoms, 1861–1957. *Economica*, 25 (100), 283–299.

[86] Pigou, A. C (1920). The economics of welfare. London: Macmillan.

[87] Piketty, T. (2019). *Capital et Idéologie*. Paris: Seuil.

[88] Popper, K. (1985). The rationality principle. In Miller, D. (ed.). *Popper Selections*. Princeton, NJ: Princeton University Press, 357–365.

[89] Posner, R. (2009). *A failure of capitalism: The crisis of' 08 and the descent into depression*. Cambridge, MA: Harvard University Press.

[90] Putnam, H. (2002). *The collapse of the fact/value dichotomy*. Cambridge, MA: Harvard University Press.

[91] Putnam, H., & Walsh, V. (2007). A response to dasgupta, *Economics and Philosophy*, 23 (3), 359–364.

[92] Putnam, H., & Walsh, V. (2009). Entanglement throughout economic science: The end of a separate welfare economics. *Review of Political Economy*, 21 (2), 291–297.

[93] Robbins, L. (1935). *An essay on the nature and significance of economic science*. London: Macmillan.

[94] Robinson, J. (1962). *Economic philosophy*, London: C. A. Watts & Co., Ltd.

[95] Rodrik, D. (2015). *Economics rules: Why economics works, when it fails, and how to tell the difference*. Oxford: Oxford University Press.

[96] Romer, P. (2016) . The trouble with macroeconomics. *The American Economist*: https://paulromer.net/wp-content/uploads/2016/09/WP-Trouble.pdf.

[97] Rosenberg, A. (1979) . Can economic theory explain everything? *Philosophy of the Social Sciences*, 9 (4), 509-529.

[98] Samuelson, P. (1938) . A note on the pure theory of consumer's behaviour. *Economica*, 5 (17), 61-71.

[99] Samuelson, P. (1947) . *Foundations of economic analysis*. Cambridge, MA: Harvard University Press.

[100] Samuelson, P. (1948) . Consumption theory in terms of revealed preference. *Economica*, 15 (60), 243-253.

[101] Samuelson, P. (1992) . My life philosophy: Policy credos and working ways. In Szenberg M. (ed.) . *Eminent economists*: *Their life philosophies*. Cambridge: Cambridge University Press, 236-247.

[102] Scarantino, A. (2009) . On the role of values in economic science: Robbins and his critics. *Journal of the History of Economic Thought*, 31 (4), 449-473.

[103] Schoen, E. (2017) . The 2007-2009 financial crisis: An erosion of ethics: A case study. *Journal of Business Ethics*, 146 (4), 805-830.

[104] Schumpeter, J. A. (1934) . *The theory of economic development*. Cambridge, MA: Harvard University Press.

[105] Schwartzstein, J. & Sunderam, A. (2021) . Using models to persuade. *American Economic Review*, 111 (1), 276-323.

[106] Sen, A. (1977) . Rational fools: A critique of the behavioural foundations of economic theory. *Philosophy and Public Affairs*, 6 (4), 317-344.

[107] Sen, A. (1985) . Goals, commitment, and identity. *Journal of Law*,

Economics, and Organization, 1 (2), 341-355.

[108] Sen, A. (1987). *On ethics and economics.* Oxford: Blackwell Publishing.

[109] Sen, A. K., Last, A. G. M., & Quirk, R. (1986). Prediction and economic theory. *Proceedings of the Royal Society of London. Series A, Mathematical and Physical Sciences*, 407 (1832), 3-23.

[110] Senior, N. (1836). *An outline of the science of political economy.* New York: Sentry Press.

[111] Shiller, R. & Shiller, V. (2011). Economists as worldly philosophers. *American Economic Review, Papers and Proceedings*, 101 (3), 171-175.

[112] Simon, H. (1955). A behavioural model of rational choice. *Quarterly Journal of Economics*, 69 (1), 99-118.

[113] Solow, R. (1956). A contribution to the theory of economic growth. *Quarterly Journal of Economics*, 70 (1), 65-94.

[114] Stigler, G. & Becker, G. (1977). De gustibus non est disputandum. *American Economic Review*, 62 (2), 76-90.

[115] Stiglitz, J. (2010). *Freefall: America, free markets, and the sinking of the world economy.* New York: W. W. Norton & Company.

[116] Stiglitz, J. (2012). *The price of inequality: How today's divided society endangers our future.* New York: W. W. Norton & Company.

[117] Stiglitz, J., Sen, A., & Fitoussi, J. P. (2009). *Report by the commission on the measurement of economic performance and social progress*: http://www.stiglitz-sen-fitoussi.fr/documents/rapport_ anglais.pdf.

[118] Swan, T. (1956). Economic growth and capital accumulation. *Economic Record*, 32 (2), 334-361.

[119] Thaler, R. (2000) . From homo economicus to home sapiens. *Journal of Economic Perspectives*, 14 (1), 133-141.

[120] Tversky, A., & Kahneman, D. (1986) . Rational choice and the framing of decisions. *Journal of Business*, 59 (3), S251-S278.

[121] Vanberg, V. (2012) . Rational choice, preferences over actions and rule-following behaviour. In Maki, U. (ed.), *Handbook of the philosophy of science, Volume* 13, *philosophy of economics.* Oxford & Amsterdam: Elsevier, 505-530.

[122] Varian, H. R. (1992) . *Microeconomic analysis* (3rd Edition) . New York: W. W. Norton & Company.

[123] Vriend, N. J. (1996) . Rational behaviour and economic theory. *Journal of Economic Behaviour and Organization*, 29 (2), 263-285.

[124] Wong, S. (1973) . The "F-Twist" and the methodology of Paul Samuelson. *American Economic Review*, 63 (3), 312-325.

后　记

本书旨在以“理性原则”为纲，探讨经济学的认识论基础。作者虽执拙笔，但也尽量使行文通俗直白。然而，由于其主题严肃，加之人们对认识论问题的长期漠视，读者可能难以不费思量地理解其要义和内在的系统性关联。相应地，如果读者将之视作经济学随笔或读书笔记之类的科普读物将不仅会大失所望，更是一种严重误读。当然，作者深知，如此的研究选题和写作风格在“浅阅读”“碎片化学习”大流行的年代必定显得格格不入，也在热火朝天、喧嚣鼓噪的现实面前变得不合时宜。但如有乐于沉思的读者，认为对现代经济学的底层逻辑有进行系统性批判的必要，而非仅限于对其枝蔓的修补，那么相信本书将会开卷有益，哪怕会成为批评的标靶。此外，文字一旦刊印，就有了“立此存证”的记录功能。倘若未来的读者感悟到相关问题的意义，也可从本书中窥得前人的所思所感，以至不再孤单，甚而能有所启发。毕竟，能站在巨人的肩膀上固然最好，但侏儒的肩膀也高过平地！

本书的出版，恰逢德国哲学家伊曼努尔·康德诞辰300周年，辞世220周年。这位“哥尼斯堡巨人”几乎凭借一己之力，为哥白尼以来的近代自然科学提供了某种认识论基础，并实现了由其发起的思想上的“哥白尼革命”。由于光照古人、泽被后世，康德哲学也被日本学者安倍能成喻为思想的“蓄水池”——前人哲学皆汇于斯，后世哲学都源于此。本书对经济学认识论的探究当然也极大地受益于这座形制恢弘的“蓄水池”，或可被视作从中淌出的一股细流。从这一意义上来讲，本书的问世也成为对这位思想巨擘的一种纪念。

李成

2024 年 3 月